PSYCHOLOGY OF
PICTURE BOOKS

絵本の心理学

佐々木宏子

子どもの心を
理解するために

新曜社

はじめに

絵本や児童文学と幼児・児童の心理発達とのかかわりの研究をはじめてから、すでに三十年近い月日が経ちました。わたしが学生時代に学んだ心理学の研究方法は、実験といわれる方法が主流でした。もっぱら自然科学的な因果関係を基にして、どういう刺激をあたえるとどういう反応があるかを厳密に調べるのです。もちろん調査や観察による研究もさかんでしたが、やはり客観的・普遍的という名のもとにすべてが数値に置き換えられてしまい、研究の出発点で強く惹きつけられた心理現象の不思議さ、豊かさは大半が精気を失い、やせ細ってしまうことになりました。研究対象となった子どもたちの個性も、最初はひとりひとりの顔が明確に捉えられていたにもかかわらず、調査・観察の最終過程ではほとんど失われてしまい、そのことは今でもわたし自身の苦い思い出となっています。また自然科学的な因果関係の論理に依存してきたために研究対象が数値に置き換えやすい分野に制限されてしまい、子どもの多面的な発達のなかでもほんの一握りにしかすぎない認知発達に研究がかたよってしまったことも、たいへん残念なことです。

自然科学のなかで生まれた手法をそのまま人間の心理研究にあてはめる流れは、最近になって、心理学者の間でもかなり見直されつつありますが、具体的な研究のレベルではまだまだ強く生きており、その結果、現代社会の複雑で多様な子どもの発達現象と画一的な研究手法の間に大きなギャップが生じています。

わたしが絵本の研究を始めた動機は、子どもの言葉の発達と読書との因果関係を知りたいと思ったからでしたが、やはり、最初は子どもの発達を知的な（能力の）視点から眺めるものでした。

しかし1960年代半ば頃から、わが国では欧米諸国の翻訳ものを中心に絵本出版ブームがおこり、その優れた内容は、それまでわたしが「子ども」なるものに抱いていたイメージに大きな揺さぶりをかけるものでした。そして、そのことはそれまでのわたしの研究方法にも、大きな疑問をなげかけたのでした。

それというのも、児童文学者・絵本作家の子どもの心を捉える営みは、きわめて直観的・主観的でありながら、子どもの感性・感情・人格・思考などの発達を生き生きと説得力あるかたちで捉えていることがあるからです。幼い子どもが、ひとりの人間としてごく当たり前に敬意を払われていること、明確な人格像をもち、おとなと同じように深く傷ついたり楽しんだりしていること、子ども独自の空想世界のありようを、多様で複雑なままに描く作家・画家たちの存在、さまざまな個性をもつ子どもを、ゆったりと肯定的に眺める親たちの視線等々も新鮮で、絵本を繰り返し読むたびに発見と深い感動に捉えられる日々でした。なによりも印象深かったのは、これらの絵本の主題が特別な事件や状況を舞台に描かれているのではなく、ごく普通の日常生活のなかのさりげないエピソードとして取り上げられていることでした。

一方で当時のわが国の心理学研究は、どのようにすれば子どもたちにある種の能力を効率的に育むことができるかを中心にして、認知発達の研究が主流となりつつありました。それは高度経済成長の坂道をかけ登るわが国の社会的要請に応えるものであり、こうした一連の研究が一定の成果をあげたことも否めない事実でしょう。しかし、その視点から開かれ、暴かれていく「子ども」は、わたしが興味を惹かれる子どもとは異なっていました。わたしが探し求めていた子どもは、このような「能力の束」としての「子ども」ではなく、自由で伸びやかに生き、多くのことに興味や関心をもちつつなにかをやり遂げようとし、傷ついたり嫉妬したりしながらも誇りをもつというような、人間の顔をもつ子どもでした。

具体的なテーマをいくつかあげてみますと、

・子どもは、表面的には泣いたり笑ったりと直情的とも見える反応をよく示すが、本当は心のなかでなにを考え、周囲のおとなをどのように眺めているのだろうか？
・子どもは日常生活のなかで、どのような事件や情況と出会うことにより「美しさ」や「幸せ」などの肯定的感情をわがものとしてゆくのだろうか？
・子どもが「じぶん」というものを激しく自覚する瞬間とは、どのようなときだろうか？
・子どもがひとりまたは友達とごっこ遊びの世界へと没入しているとき、周囲の事物や環境はどのように見えているのだろうか？　もしそれが、おとなが要求する「現実」と大きく異なるとするならば、どのようなやり方で折り合いをつけているのだろうか？
・子どもは自然環境のなかに身をおき、さまざまな経験をすることで、どのような能力を獲得するのだろうか？

・父親が幼い子どもと正面から向き合い語り合うことで、父親のなかにどのような人間的成熟がもたらされるのだろうか？
・子どもの発言が「口頭詩」として収集され、その内容の奇抜さと意表をつく面白さはよく知られているが、それはユーモアの感性とどのように結びついていくのだろうか？

これらの問いに対する答えは、二、三の条件を設定した単純な実験研究や短期間の行動観察では決して得られるものではなく、幾重にも絡まり合う複数の主観的・客観的要因のダイナミックな相互作用のなかでのみ姿を現してくるものでしょう。しかし、どのような方法によれば、心理学はこのような人間性の中核に位置するような発達的問題を解明することができるのでしょうか。当時の発達心理学は、オーケストラのように複雑に絡み合う子どもの発達を、とりあえずはバイオリンだけ、今はチェロのみを扱うというように、果てしなく細分化された研究にのめり込み、いつまで経っても全体像としての旋律を奏でることはありませんでした。

そのような心満たされない時期に出会ったのが、優れた絵本の数々だったのです。それらを繰り返し眺めるうち、「ああ、そうなんだ。わたしが知りたいと願う子どもたちはこのなかに生きていたんだ」という思いが心のなかに湧き上がりました。それは、わたしにとっては、子どもの個々の発達現象を理解し、解釈するための現代的でわかりやすく、普遍的な発達理論だったのです。もちろん当時でも、ピアジェやワロン等の著名な心理学者の発達論――「誇大理論」（グランドセオリー）――はありました。しかし、それらは魅力的ではありましたが、日常性から離れた難解で哲学的なものが多く、そのためにそれら心理学者の解説書がこれまた多くの専門家によって数多く出版されているという具合でした。

絵本は、言葉と絵で構成された芸術作品です。もちろんすべての絵本ではありませんが、丹念に見ていくと作家や画家が子どもの発達を考える上で重要な主題を実にていねいに拾い上げています。日常生活の印象的なエピソードを絵と言葉の語りによって浮き彫りにし、それを描いた作家や画家の民族・文化・歴史等の背景を内側に含んだまま、子どもの心や発達についての解釈や意味づけが行われているのです。

さて、わたしの所属する大学附属図書館には、１９８７年以来、国立大学では唯一の地域に公開された児童図書室があり、現在はその蔵書数が約９、０００冊（そのうち絵本が約４、５００冊）となっています（１９９９年3月末現在）。わたしが、この児童図書室を中心にして地域の公立図書館児童図書室の司書の方々とともに「子どもの心を理解するための絵本データベース」の研究会を始めた理由は、もうおわかりいただけたと思います。

絵本のリストブックも近年、主題（subject）別の時代に入り、子どもが主人公の絵本が数百の主題により分析されています。それら児童文学や図書館学の視点から抽出された主題分類を参考にしながら、新たに発達心理学の観点から主題を再構成するならば、現代の子どもたちの発達を意味づけ解釈するための新たな発達理論が構築できると思われます。優れた絵本作家の洞察力と直観力は、まだ研究が到達していないところのものを指し示すことがあり、彼女（彼）らの子どもを個として捉える視点や主題の切り口は、新たな現代的発達理論の創出のために有効に機能しうると思うからです。

目　次

目　次

装幀＝難波園子

第1章 「絵本心理学」をめざして

記憶は人知れず眠る宝物をかかえている。過ぎ去った子どもの頃の香りや味や眺めや音を！
アストリッド・リンドグレーン『子どもの本の8人』より

1 「方法」としての絵本

わたしが、1975年に『絵本と想像性――3歳まえの子どもにとって絵本とはなにか』（高文堂出版社、1989年に『増補絵本と想像性』と改訂）を出版したときは、「3歳前の子どもになぜ絵本が必要なのか」とか、「0歳児になぜ絵本を与えなければならないのか」という声がかなりありました。しかし、二十年後の現在では0、1、2歳児のための月刊絵本等も刊行されはじめ、0歳児と絵本のかかわりを論じることは、なんの不思議さも感じられなくなってしまいました。このような時代の変化を心に留めながら、子どもの心に寄り添うための心理学を構築するために、ここで「方法としての絵本」について考えてみたいと思います。

つまり、この章では伝統的な子どもの文化財である絵本が、子どもの心の発達を理解するうえでどのように役立つのか、その科学的な根拠はなにか、はたして新しい心理学の学問体系の創出に寄与できるのかを考えてみます。しかし、そのことは絵本が子どもの日常生活のしつけなどの場面で、いかに有効にはたらくかというような発想とは無縁のものであることを、まずお断りしておきます。

絵本は、絵だけ、もしくは絵と文の融合によって生まれる芸術作品です。とくに、子どもが主人公の場合、そこには作家および画家の子ども観や子ども像が明瞭に現れています。その描き方は、伝統的な心理学者のそれとはまったく対照的です。心理学者は、子どもの心理機能のうち、ひとつもしくは複数の要因を取り上げて、それらを因果関係の枠組みで理論的に説明しようとします。それに対して芸術家である作家は、ひとりひとりの子どもの心を複雑で矛盾に満ちた様相のまま、具体的に語り、描きます。

このような絵本の存在を、子どもの心理研究の方法として導入しようとするとき、提起されるであろう多くの疑問が予想されます。つまり、

・絵本は、子どもたちが楽しむために創られたものであり、それを主題に分解したり、なにかの目的のために利用することは、文化財としての絵本の概念に歪みをもたらすのではないか。
・絵本のなかに描かれている子どもは作家の創造の産物であり、必ずしも現実の子どもを表したものではない。
・もし、ある一冊の絵本が、現実の子どもがもつある真実を表していると納得できても、それが多くの子どもの心理の普遍性とどのようにつながるものなのか。
・このような作家の想像（創造）力で創られた絵本を、現実の子どもの発達理解の方法として使う科

学的根拠は、どのようにして証明されるのか。

等々です。

本論に入るまえに、まずこれらの問題について考えてみましょう。

2　人間の発達研究モデルとしての「語りのモデル」

最初、この節のタイトルを人間の発達研究のパラダイム（paradigm）にするべきかモデルにするべきか大変迷いました。パラダイムという術語は、現在、科学研究の新しい方法論が模索されるなかで一種流行語のように使われています。しかし、パラダイムの概念は「科学の研究活動がのっとるべきカタ、あるいは規範のこと」(1)とあるように、科学的方法としては相当洗練されたものでなくてはなりません。心理学の方法としての「語り」や「物語」（story）は、後述するように臨床心理学等ですでに多くの成果があげられていますが、それ以外の心理学領域ではまだ明確な方法論としての共通認識にはなり得ていないように思われます。そこで最初は「語り」や「物語」を発達研究のモデルとして位置づけることからはじめ、最終的にはそれをパラダイムとして確立するための一助としたいと思います。

さて、人間の発達を考えるためのモデルを哲学的なアプローチから大まかに三分野に分ける考え方がありますウィダーショヴンは、人間科学においてはモデルやメタファー（metaphor）が重要な役割を果たすとし、人間の発達を考えるためのモデルとしてつぎのような三つをあげています。この本にとって重要な理論的枠組みを提供する理論なので、少し長くなりますが要約して引用してみました(2)。

●**機械論的モデル（mechanistic model）**　文字どおり機械のメタファーにもとづくもので、人間の行為は、機械のなかで引き起こされるプロセスのようなものとみなされ、因果関係で説明される要素の集まりとして説明されます。発達は、遺伝的素質や外的環境に存在するさまざまな要因（変数）の影響を決定することにより説明されます。同じ状況下では、同じ原因は同じ結果をもたらすものと予測されます。

機械論的モデルにおいては、原則としてすべてが完全に予測可能ですが、実際の心理学的予測は、天気予報のように、しばしば不正確なものです。システムや環境における小さな変化が、予測を完全に覆してしまうことがあるからです。

機械論的モデルでは、発達する個人の経験や行為の変化は、ばらばらに機能する内的・外的要因の因果関係によって記述され説明されるので、発達を押し進める主体（subject）というものの存在は、視野から抜け落ちてしまいます。それゆえ、人間の発達は、他のものと比較して、特に人間的なものとしては見なされないのです。

このように機械論的モデルでは、発達は内的・外的原因によって生じる事柄のある状態から別の状態への変化として理解されます。このことは厳密に言えば、質的に異なった相を区別することはできないことを意味します。機械論的モデルは、質的変化の概念を含みません。

●有機体モデル（organismic model）　生物有機体（biological organism）のメタファーにもとづいています。人間の行為は有機体に内在するプロセスにたとえられます。これらのプロセスは組織化された全体の部分とみなされ、有機体の保存や再生産、そしてその目的のために機能する個々の部分という観点から説明されます。つまり、現象Ａは、他の現象Ｂにどのような影響を与えるかを示すことにより説明されます。たとえば肺は、生命や成長にとって重要な酸素の摂取を保証する機能をもっている、というように説明されます。そのことはＡ（肺）はＢ（酸素の摂取）を導くものと見なされますが、説明のポイントはＢをＡの結果としてみるのではなく、ＡはＢにとって特別な役割をもち、そしてＢはＡの存在を知らしめるもの、というところにあります。

因果関係は前提とはされますが、機能的な説明はそれ自身因果関係的なものではありません。予測が不確かなのは、外的条件に依存するからではありません。なぜならば、外的要因の影響は、有機体が障害物を克服したり、逸脱を修正するので機械論的モデルより少ないからです。

有機体モデルは、発達の主体に特別の注意を払うという点で、機械論的モデルとは異なっています。有機体の活動は、目的志向的なものと見なされます。発達は遺伝的素質や環境的要因の結果だけではなく、むしろ有機体の目的や要求にもとづく環境への積極的な適応の結果であると考えられています。

有機体的アプローチは構造的変化に関心をもちますので、発達パターンの概念が有機体モデルの中心を占めます。しかし、有機体モデルだけが構造的変化の概念を使う発達研究モデルではありません。それはつぎのモデルにおいても用いられます。

●語りのモデル（narrative model）　物語のメタファーにもとづくモデルです。物語とは、さまざまな諸要因がお互いに関わりながら、意味のある全体をそれ自身で提示するものです。さまざまな要因が、それらの意味づけをお互いから導き出しながら、語りの構造のなかで統合されます。

人間の行為は、物語の要素にたとえられます。このモデルでは原因や機能が強調されるのではなく、意味に重点がおかれます。語りのモデルにおいては、人間の生は物語にたとえられます。しかしこの種のたとえは、機械論的モデルや有機体モデルにおいて描かれている関係よりずっと複雑です。

第一に、メタファーとして提示される物語は、それ自身が典型的にひとつの人生の物語です。機械論的モデルにおいては、メタファーは概念的にみて人間の生とは関係がなく、有機体モデルにおけるメタファーは、種的にみて人間的な特徴を欠いていますが、語りのモデルは、たんに物語に関連するというだけでなく人生についての物語に関連しています。小説が語りのメタファーの良い実例であるのは、この理由によります。

第二に、人生の物語は語りのモデルの基本的メタファーであるだけでなく、語りのモデルの要素でもあります。物語は、経験によって育まれた意味を表現し、それゆえに人生と物語は本質的に関係づけられます。人生の語りの構造は、物語と同じようにエピソード的経験によって形づくられます。

語りのモデルにおいては、説明は解釈もしくは解釈学的理解（hermeneutic understanding）のかたちをとります。解釈学的説明というのは、現象のもつ意味をそれが理解されるような脈絡（つながり）を示すことにより明らかにします。

語りのモデルにおいては、意味は解釈に依存しますから、物語の意味は、その物語とそれを解釈する人との対話によりかたちづくられます。新しい解釈は、今まで無視されていた要素に焦点を合わせ、それまでは見えていなかった要素間の関係を明らかにすることによって生まれます。最初は重要には見えない要素も、後できわめて大切になるかもしれません。

語りのモデルにおいては、発達の主体が重要な役割を演じます。人が自己表現的主体であるとみなされるとき、個人と合理性に重みがおかれます。人の表現は、個人の背後で働く原因によってではなく、また個人の要求に直接に関係する機能によってでもなく、いかにそれらの表現が意味がありかつ合理的であるかを示すことにより説明されます。また語りのモデルでは、人が自己表現のなかにこめる解釈や意味内容、つまり主観的なものの発達は、他者の主観との相互作用により影響を受け、促進されてゆくものとみなします。

語りのモデルのなかでは、発達のステップは、解釈のなかで明白にされてゆきます。語りの視点からは、発達の理論は発達の描写ではなく、そのとき取り上げられている発達現象に深くかかわるものの詳細な記述なのです。

以上、長くなりましたがウィダーショヴンの考えを紹介しました。それには大きな理由があります。わたしが絵本心理学の構想をもちはじめたのは、「はじめに」のところでも述べたように、現在の幼児・児童心理学や発達心理学の研究に、生きた子どもの姿が見えにくいことへの失望からでした。それらの心理学的研究の多くは、原則的にみてウィダーショヴンがいう「機械論的モデル」にもとづく因果関係のパラダイムをかたくなに守ったものであることが多く、そのなかで論じられる「発達」はきわめて限られた心理機能に止まり、子どもたちの発達の現実的でダイナミックな質的変化が明確な意味づけとともに姿を現さないためでした。機械的因果関係をモデルとする研究では、発達を意味づけ解釈する根拠がそれ自身の論理のなかに存在しないため、年齢等、生理的・身体的成熟に強く支配される傾向があります。ですから得られた結果を意味づける段階になると、まったく通俗的な解釈になってしまったり、歴史や文化の影響をまったく無視したものになってしまいがちなのです。極端な場合、研究者自身も自覚のないままに、「時代の趨勢」や「流行の物語」をそのまま受け入れてしまうことにもなるのです。

わたしが優れた絵本作家たちの子どもを捉える視点の深さ、子どもたちを人間として遇する眼差しの高さ、子どもたちが生み出す複雑な感情を的確に描写することの巧みさに感嘆した理由は、このウィダーショヴンの「語りのモデル」を知ることによって改めて理論的根拠を得たように思われます。それは作家や画家が、子ども時代に生まれる特徴的なエピソード経験を、芸術家としての鋭い感性と深い洞察力にもとづいて物語るため、そのなかに人格をもった現実の子どもが生き生きと感じられるからでしょう。

ウィダーショヴンは、発達の三つのモデルをスケッチしたあと、三つのモデルのいずれも、人間発達の説明にとって先験的に根拠の確実なものではない、としています。しかし、最後に「三つのモデルを統合するにあたって、まず語りのモデルを適用し、解釈学的方法がもはや有効でなくなったときに有機体モデルもしくは機械論的モデルの助けを求めるというアプローチをとることを主張してきた」(3)と述べています。

このように考えますと、人間の発達を研究するための「語りのパラダイム」とは、従来の方法論からは抜け落ちていたもっとも大切な要因――発達現象の意味づけと解釈、およびその延長としての新しい発達理論の創出――に大きな力を発揮するものと思われます。

では、わが国の発達研究の歴史のなかで、「語りのパラダイム」への模索はどのように行われてきたのでしょうか、つぎにその点を追ってみたいと思います。

３　発達モデルとしての児童文学・絵本の「物語」

わが国の心理学者のなかで、児童心理と文学の問題について最初に言及したのは、わたしの知るかぎり、心理学者の波多野完治です。幼少期より児童文学に愛着をもっていた彼は、中学時代から文学や演劇などに深い教養をもち、大学入学後は心理学を学ぼうとします。しかし、当時全盛であった知覚の問題を中心とするゲシュタルト心理学等は、「人間の魂に迫ることができなかった」(4)と回想しています。彼は、芸術心理学をやりたいと考えますが手がかりが得られず、「わたしの求めている心理学はフランスにあるにちがいない」と予感し、やがてピアジェの心理学を手繰り寄せて行きます。

波多野は、その後ピアジェの心理学を基礎に児童文化運動や児童文化財の研究へと接近し、１９３５（昭和１０）年に「児童心理の文学」という論文を二回に分けて発表します(5)(6)。そのなかで、当時新進の児童文学作家であった坪田譲治を高く評価し、坪田の作品が優れているのは空想と現実を混同し、要求のままひたむきに前進するという子どもの本質がよく描かれているからだとしています。

子どもの心理を観察し、リアルに叙述し、これがいかにおとなの心理と異なるかを知ること。子どもの心理の世界は行動の世界と異なるさまざまな複雑な種類の現実（reality）があり、これらを心理叙述としてはっきり描き出すことの必要性を強調しています。まさにウィダーショヴンが言うところの、方法論としての「語り」の問題提起です。そして、波多野はとくに児童心理の洞察力に富んだ天才的な児童文学作家の誕生を待望し、「この方面での才能はいかに大切にしても大切にしすぎることはないのである。児童心理の知識も究極において、これらの児童への洞察力を補足し、新しい表現形式を創造する為の手がかりを提供しうるにすぎない」(7)とまで言いきっています。

このことは当時の波多野が、児童心理を理解するためには児童心理学という学問よりむしろ優れた児童文学作品のほうが精確に、より深い層で子どもの「たましい」を捉えていると考えていたことを示しています。

波多野は、結局「児童心理の文学」を志しながらも、戦後はおびただしく出版されるピアジェの著作の翻訳や解説、視聴覚教育や生涯教育の研究や執筆活動へと現実的な時間を割かれてしまいます。

つぎに、児童文学や絵本を子どもの心理発達や分析との関わりで深く研究したのが、ユング派の臨床心理学者河合隼雄です。彼もやはり子どもの「たましい」の解明と児童文学を結びつけています。おとなの現実認識があまりにも単層的だと、子どもたちの透徹した目はおとなとは異なる真実を見ます。しかし、多くの場合、子どもたちは言葉をもっていません。河合は「ここに、児童文学の存在意義が生じてくる。子どもの目をもって、ものを見つつ、言語表現によってそれを表現することがその課題なのだ」(8)と述べています。また、「幸いにも児童文学の名作には、子どもの宇宙について素晴らしい記述がなされている」(9)とも述べています。河合は、しばしば優れた児童文学作品のなかの登場人物を取り上げ、河合が出会った臨床ケースのなかの子どもたちの複雑な心の構造と、それら登場人物の心理とを重ね合わせます。そして、そのときの河合の深い人間的考察は、多くのおとなたちに今まで気づかなかった新しい子ども観や子ども理解（解釈）を促します。

優れた児童文学や絵本のなかに描かれた子どもは、たとえ作家によって創造されたものであっても、多くの読者であるおとなが日常的に交わる子どもについての実像や表象と重ね合わせることができるならば、まさにそれは普遍的な「子ども」とよんで差しつかえないでしょう。

さて、最後に、心理学においても文学の「物語」をモデルに、新たな人間研究の「構図」が組めるはずだと考える浜田寿美男の理論を見てみます。彼は、「ひょっとしてこれまでの（発達）心理学はそもそも『人間の世界を』記述しようとはしてこなかったのではないか」(10)と疑問を呈します。

浜田は、多くの心理学のテキストが、知覚・学習・記憶等の個体の能力・特性を軸にした構図で人間を捉えようとすることを批判し、人間はそのような能力・特性を生きているのではない、と言います。彼のいう「物語」パラダイムは、人間のあらゆる心的現象が物語的な脈絡のなかで解釈されることを言いますが、しかし、彼はフロイト理論の臨床系心理学のいう「物語」は、「物語性が過剰」だと述べています。

浜田は、「物語」という文学的な色彩の強いパラダイムでは、個別的すぎて、科学としての普遍性についての懸念が生じることについて触れ、自らの「物語」は、「物語の軸からシンボルの発生を論じ、自我の形成を論じるというふうに、複数の人間が、その相互主体性のうえで互いにやりとりし、繰り広げる『物語』でもって、人間の心的世界の全体を記述しようということ」(11)であると述べます。つまり、小説的な記述や物語そのものを叙述するのではなく、「その物語という構図のなりたちと展開を記述」(12)するものであると述べています。

以上、わが国の三人の心理学者から文学がもつ「語り」というパラダイムが、どのような次元で心を探究する心理学と交錯するものなのかの説明を見てきました。それぞれの理論的背景は異なるものの、波多野完治から河合隼雄、そして浜田寿美男へと時代が下るにつれて、取り上げられる文学のジャンルや作品そのものに違いはありますが、語りのパラダイムとしての可能性が徐々に明確になってきたように思われます。

浜田の言を借りるならば、わたしが試みる「絵本心理学」の構想にとって必要なことは、数多くの作家・画家たちによって創られた優れた絵本のなかから、彼女（彼）らが子どもそのものはもちろんのこと、発達というもののなりたちや展開をどのように物語り、描くかを分析・考察し、それを現実の子どもたちの発達研究へと応用することでしょう。そして、「絵本心理学」の構想のなかでもっとも開拓が期待される分野は、従来の実験や観察による操作主義的手法ではアプローチすることが難しかった「感情発達」「性格形成」「自我・自己像の形成」「空想遊び」「ユーモアの発達」「想像性の発達」等の研究分野です。

これらの分野は、その主題に関わる諸要因があまりにも複雑であるため、単純な要因に還元する因果関係の構図ではとうてい捉えきれず、その上、それらの各分野におけるグランドセオリーすらまだ充分に確立されているとは言いがたいのです。

たとえば、一見実験的な手法で活発に行われているように見える「自我・自己像の形成」の研究においても、岡本夏木は鏡による自己像の認知や、子どもがいつから「自分がわかっているのか」など、自己像の研究を進める上で「問いそのものがあまりにも単純にすぎるとしかいいようがない」(13)と批判します。

画家や作家は、あるときには子どもたちの日常生活のなかで発生するさまざまな葛藤などから、発達における重要なテーマを物語という形式で写実的に、またあるときには象徴的に描きます。それは一般的には「語り」という脈絡のなかで展開されるために、実験や調査などで収集される「今・ここ」に現れている行為や反応の部分のみに限られるものではありません。物語ることは、それらの行為や反応の背後にある矛盾対立する深層の心理構造や、そこへ至る心理的プロセスを過去の事実から未来の予測をも含みこんで描くことを可能にします。

波多野や河合が児童文学や絵本に接近していった動機は、複雑で矛盾にみちた社会のなかで、懸命に自律を目指す子どもたちの姿をすくい上げる芸術家たちの「語り」の巧みさと、そこから生じる深い洞察（解釈）への共感ではなかったかと思われます。

近年、近代科学が生み出した自然科学の知にたいして、「臨床の知」が中村雄二郎らによって提唱されています。中村は、「臨床の知」を「個々の場所や時間のなかで、対象の多義性を充分考慮に入れながら、それとの交流のなかで事象を捉える方法である」(14)と定式化しています。

優れた絵本や児童文学を生み出す作家や画家は、どのようにして子どもたちの多義性や複雑性を捉え、どのような交流のなかで子どもを発見し、それをどのような表現方法により語り、描くのでしょうか。

4　作家のなかの「子ども」

多くの心理学者は、なぜ子どもの発達心理を研究したいと思うようになったのでしょうか。中村の言葉を借りて、近代科学の知の上に築かれた心理学の研究を評するならば、ある能力や特性のレベルに還元された子どもの心理的要素とその機械的な組合せです。これは原理的には、ウィダーショヴンが言う「機械論的モデル」の方法論に該当するものでしょう。したがって、歴史や文化に深く影響を受ける子どもの心理現象とその意味の発生、個々の子どもの自律的な発達のリズムの起源、子どもの自我の発達を促す創造的行為などが、正面から扱われることは難しいのです。

このような心理学者の姿勢に対して、同じく柄谷行人は「児童に関する〝客観的〟な心理学的研究が進めば進むほど、われわれは『児童』そのものの歴史性を見うしなっている」(15)と批判します。つまり、子どもの存在は歴史のなかで生まれ、歴史のなかで意味づけられるのだから、心理学者がその起源についての考察を抜きに研究を進めても、この時代を生きている子どものトータルな姿は捉えきれないと言うのです。

では、児童文学者や絵本作家は、なんのために、なにを手がかりに子どもを描くのでしょうか。

児童文学者のエンデは、「なぜ子どものために書くのか?」と問われ、「人間のなかにはみんな子どもが隠れていて、その子どもが遊ぶことを欲している」と答えています。「わたしは子ども時代の記憶に頼ったり、回顧して書いているのでもないからです。わたしがかつてそうであった子どもは、今でもまだわたしのなかに生きております。大人になることによってわたしがその子どもから切り離されるという断絶はありませんでした」。「９歳であろうと90歳であろうと、外面的な年齢とは全く無関係にわたしたちのなかに生きている子ども。驚いたり、疑問を持ったり、感動したりする能力を決して失わないこの子ども。傷つきやすく、野ざらしの身で、悩み、慰めを求め、希望を持つ、わたしたちのうちなるこの子ども」(16)と続けます。

さて、児童文学評論家の清水真砂子は、児童文学者には二つのタイプがあると言います。ひとつは、匂いや感触まで含めて子どもの頃の「世界の見取図」をそのままもち、それがおとなとしての「見取図」と重なりあったり揺らいだりしつつも、さしたる努力なしに「子ども」の描けるタイプ。逆に、人生の先達として自らのなかにできている「見取図」を子どもたちに示し、その「見取図」に納まっている子どもに「外側から語りかける」タイプです(17)。

わたしが注目するのは、前者のタイプの作家です。このようなタイプの作家・画家の場合、絵本を書くときの原動力は未だ内側に生きている「わが子どもと子ども時代」です。ちなみにそのようなタイプの作家のなかから、いくつかの代表的な作家・画家の言葉をあげてみます。いずれの作家も、日本の子どもたちに人気のある作家・画家たちばかりです。

二十世紀が生んだ最高峰の絵本作家・画家のひとりといわれるセンダックは、「もしわたしに、人並以上の才能が与えられているとすれば、それは、ほかの人びとよりも、とくに絵がうまいとか、あるいは、とくに文章がうまいとかいうことではありません。――わたし自身、そんな自己満足は一度もしたことはありません。そういうことではなくて、ほかの人びとが忘れてしまったいろいろなことをおぼえているというだけのことです。子ども時代折おりの感情の中身、つまり、音や感覚やイメージをおぼえているということです」(18)。

作家で画家のリオニは、「わたしはほんとうに子どもたちのために本を作っているのではなく、わたしたちの、つまり、わたし自身とわたしの友人たちの、ちっとも変わらなかった、いまも子どもである部分のために作っているというのが実情である」と言っています(19)。

作家で画家のレイは、「わたしには、子どもたちがなにが好きか、よくわかっているのです。自分が子どものころ、なにが好きだったかわかっていますから、自分が、子どものころ、好きになれなかったであろうような本は、つくらないことにしているのです」と言います(20)。

作家で画家のシマントは、「わたしは、自分の描く絵が気に入ったら、子どもたちもきっと気に入ってくれるものと信じています。わたしのなかにある子どもが、ほかの子どもたちと触れ合わねばなりません」(21)。

最後に、児童文学の評論家、コットは、その著書『子どもの本の8人』のなかで、絵本作家・画家のドクター・スースや児童文学者のリンドグレーンたちを取り上げ、「本書に登場する作家たちはそろって、ひとは、自分もかつては子どもだったという意味で子どものために書くのではなく、自分はつねに子どもなのだという意味で子どものために書くのだということを、それぞれの体験によって証明している」(22)と述べています。

では、これらの作家たちは、どんなふうに「子ども」を内在させ、いまもなお心の内側に息づかせているのでしょうか。

少し長くなりますが、リンドグレーンの場合を参考にあげてみます。

「記憶は人知れず眠る宝物をかかえている。過ぎ去った子どもの頃の香りや味や眺めや音を！　わたしは、いまでも牧草地のばらの茂みで味わった至福の境地を、見もし、嗅ぎもし、思い出せもする。それは、初めてわたしに美とはどんなものか教えてくれた。わたしにはいまでも、夏の夕暮れのライ麦畑で、ウズラクイナのさえずりがきこえ、夏の夜、ふくろうの木でふくろうが、ホーホーと鳴くのがきこえる。わたしにはいまでも、雪の日の刺すような寒気から暖かい牛小屋に入ったときの感覚がありありとよみがえり、仔牛が手をなめる舌を感じ、兎たちの匂いや馬車置場の匂いを嗅ぎ、バケツの底を叩くミルクの音、孵ったばかりのヒヨコを手にとるときの小さな肢が感じとれる」(23)。

以上に述べたように多くの絵本作家は、まだ幼少年期そのままの「子ども」を内側にもっていることがわかっていますが、もちろんすべての作家・画家がそうだというわけではありません。自分の子どもや、孫、さらには幼稚園などへ出かけ、実際の子どもたちとの触れ合いのなかで絵本を創る作家もいます。

しかし、いずれにせよ絵本作家のベーメルマンスが言うように、「わたしは絵を描くのにおとなの才能をつかいはするが、それを子どものようにつかう」(24)という言葉のなかに、これらの子どもを語り、描いて卓越な作家の共通の特徴がありそうに思われます。

5　絵本のなかの「子ども」の実在性

近代科学が生み出した普遍性とは、なんでしょうか。中村によればそれは、「理論の適用範囲がこの上なく広いことである」(25)と定義されています。

「絵本心理学」の構築を考えるとき、提起されるであろういくつかの疑問はすでに述べました。絵本に描かれた子どもが、読者に共感され楽しまれても、それが多くの子どもの心や発達のありようの普遍性とどう関わるのだろうか、という疑問です。わたしが、長い間絵本を読み続けていて気づいたことは、子どもたちに好まれ愛され続けている絵本のなかには、子どもたちの発達の質的転換――多くは周囲の人間関係との葛藤が引き起こすものですが――にまつわるエピソードが繰り返し描かれていることです。時代が異なり、文化が異なり、親子関係やそこに登場する主人公たちの性格が異なっていても、繰り返し繰り返しある主題の物語は子どもたちの豊かな表情とともに描かれ、世代を越えて繰り返し読まれます。

わたしは、現代社会、とりわけ近代化・都市化が進む社会のなかで、子どもたちがおとなになるために必ず出会わざるをえないであろう発達の葛藤を描いた絵本の数々を、「子どもの心理発達と絵本」という枠組みで紹介しました(26)。

このようにして、国境を越えて繰り返し描き続けられる「子ども」、世代を越えて多くの読者によって受け入れられる西欧文化圏が生み出した「子ども」がある一方で、最近は発展途上国やある特別な文化をもつマイノリティの「子ども」等も描かれ始め、絵本のなかにはさまざまな「子ども」が多様な広がりをみせ始めています。

従来の自然科学的な「普遍性」からみれば、国境を越え世代を越える絵本は「適用範囲がこの上なく広い」わけですから、より普遍性をもつということになるでしょう。しかし、実際には少数民族の子どもなど、前述の柄谷が述べるように西洋的な「子ども」という概念などまったく適用できない「子ども」も数多く存在します。

このような普遍性の論理は、読者論の立場からも多くの問題を含みます。心理学者の定量的な研究によくある論理なのですが、より多く好まれる絵本ではあっても、しかしすべての子どもに好まれるわけではない事実をどのように解釈するかという問題です。一番悪しき論理は、「３歳児の60％がこの本を好んだ」→「だから３歳児の多くはこの本が好きだ」→「３歳児にはこの本がふさわしい」→「３歳児のくせにこの本が好きでないのはおかしい」というものです。そのような定量的な「普遍性」の論理は、40％の子どもを窒息させてしまいますし、「好き」のなかにも異質な理由があることを忘れています。

子どもは、ひとりひとりが個々の命を主体的に生きています。60％の子どもがあることを好むということと、残りの40％の子どもがそうではないということは、量の問題ではなく質の問題なのだということを忘れてはならないでしょう。つまり、子ども（人間）の心理を研究するということは、最終的にはひとりひとりの子どものなかに固有の心理的特質を見極めるということなのですから。

優れた絵本作家の描く「子ども」を見ていて、ときに息をのむことは、その視点があくまでも個としての子どもであり、さまざまな葛藤場面での子どもの経験の意味が深層の淵から引き上げられ、驚くような日常的な切口で物語られているときです。

つい最近の例では、1995年の「コルデコット賞」(アメリカ)を受賞した「スモーキイ・ナイト」(*Smoky Night*, Eve Bunting & David Diaz, New York, Harcourt Brace & Company, 1994.)でした。これは、ロスの暴動がひとりの黒人少年の目にどのように映り、彼の人生になにをもたらしたかを描いたものです。少年の猫と、暴動で店を破壊されたミセス・キムの猫が行方不明になりますが、ともに煙のくすぶる階段の下にいるところを消防士に発見され、避難所に連れてこられた後、同じ皿からミルクを飲みます。暴動が起こるまでは、人種上の反目・対立からお互いに交流すらなかった家族でしたが、少年の母はミセス・キムに話しかけ、この騒ぎが収まったら家に来てくれるようにと招待します。ミセス・キムは「有難う」と言い、少年はミセス・キムの猫をなでます。

おそらく、このロスの暴動は社会学的、心理学的な研究・調査の対象になり、それに巻き込まれた子どもたちの心理も、すでに多くの研究者によって分析されていることでしょう。わたしがこの絵本に出会って感嘆したのは、ロスの暴動というアメリカの社会が抱える多文化・人種問題、はたまた経済・政治をも巻き込む大きな社会事象を、ひとりの少年の心とダイレクトに重ね合わせたところでひとつの物語(解釈)が生まれたということです。それは、とりもなおさず暴動に巻き込まれ、つらく悲しい思いをしたひとりの少年の心に、まっすぐに向き合おうとするおとなの姿勢が、この国にはしっかりと存在することの証でもあります。

この絵本が描く黒人少年の心理は特別であり、したがって文学としては語りえても、他の黒人少年

〈表紙〉

〈第11見開き右画面〉

が経験した心理の「普遍性」とどう結びつくのかという問いが生じるかもしれません。しかし、人間の心理がひとりひとり異なるものであるならば、ひとりひとりの異なる心を把握しえない心理学など、それ自体が自己矛盾の学問ということにはならないでしょうか。

この物語が実際にあったことなのか、あるいはただこの作者の想像力から生まれたものなのかはわかりません。結果として、この絵本はアメリカでその年出版された最良の絵本の画家に贈られる「コルデコット賞」をはじめ、他の賞や数多くの栄誉に浴しています。なにに対して、これ程までの賞賛が贈られたのでしょうか。それは、この絵本のエピソードが、多くの人々にとって共有しうる「物語」であり、またおそらくはこの少年の存在が、現実にありえたことと認識できる実在性をもっていたからだと思われます。

しかし、この「実在性」に対してもつぎのような異議申し立てが直ちに出されました。この絵本の暴動の場面には、白人は一人も登場せず、アフリカ系アメリカ人が靴やテレビを盗んでいる様子が描かれています。そのことは「ここに登場する人種の人々が破壊的で悪意に満ちていると見なされ、白人はこの暴動に巻き込まれていないために平和的だと見なされるかもしれない」。また「物語は単純で、二匹の猫が人種的な憎しみを和らげるという作者バンティングの結末は、状況の複雑さを捉えてはいない。主要な人種的な誤解は、提示されたと同じような単純さで解決できるものではない」(27)と批判するのです。

この異議申し立てのなかには、明らかに現実の問題として発生したロスの暴動とそこで黒人少年がなにを見、考えたかという事実に対する異質の視点が表明されています。人種・民族の対立から派生する問題は、幾重にも複雑に絡み合う層が存在するため、見る者・関わる者の立場や視点からいくつもの「事実」が出現します。そのような複雑な歴史的・文化的背景が存在する現代において、心理学研究における客観性・普遍性とはなんでしょうか。

中村は、「臨床の知は、個々の場合や場所を重視して深層の現実にかかわり、世界や他者がわれわれに示す隠された意味を相互行為のうちに読み取り、捉える働きをする」(28)ものだと述べています。つまり、人間の心理研究とは、そのとき関わりをもつ周囲の人々との相互主体的な関係のなかで意味づけられてゆくものであり、いわばひとりひとりの研究者の創造的行為なのです。それは研究者自身の思想や価値観のあずかり知らぬところに存在する「客観性」であったり、定量的な数値のバランスが生み出す「普遍性」ではないでしょう。

それゆえ、ひとりひとりの個を主体とした心理学の創造において重要なことは、当面問題となっている発達現象の実在を証明しうる、新しい多様なパラダイムとそれを根拠づける現代的な発達理論の創出でしょう。そこでもっとも重要と考えられる新しいパラダイムの普遍性とは、中村が述べるように「個々の場合や場所を重視」して、隠された意味を「相互行為のうちに読み取る」ことのていねいな積み重ねから創造されるものでしょう。心理学は今まであまりにも自然科学的普遍性の法則にこだわりすぎ、もう一方の特性である固有性の追究をなおざりにしてきたように思われます。客観性・普遍性の法則は、主観性・固有性の特性と多様に組み合わされてこそ、総合的で生きた子どもを捉えることを可能にするでしょう。

わたしが、絵本という多くの読者に支えられた文化財を手がかりに、そのなかにみられる発達観をモデルにしつつ、子どもを個においてとらえる「絵本心理学」構想を試みるのは、そのためです。

この本では、前述のような理論的背景のもとに、「絵本心理学」構築のために三つの視点から問題提起を行ってみます。

第一に、絵本は、子どもの存在そのものや発達をどのように解釈し、物語ってきたのでしょうか。とくに物語る方法は、子どもの「自己像の形成」にどこまで迫っているのでしょうか。作家・画家は、自己形成・自己確認の発達との関わりで、子ども時代の重要な経験としてどのようなことをエピソードとして採り上げ、どのように意味づけているのでしょうか。数多い絵本主題のなかから子どもたちの「自己と対話する」の主題をひとつ選択し、論じてみます。

第二に、絵本の絵は、言葉で語ることが難しい子どもの心理現象をどのように分析・表現しているのでしょうか。とくに子どもの外側からは観察すること（見ること）のできない内面的な心理構造を、絵はどのように語る（表現する）のでしょうか。言葉によってまだ支配されない思考論理のなかに生きる子どもたちの行為や表情等を読みとることは、非常に大切なことです。本書では、とくに「空想遊び」を中心に、その発達的意味づけについて論じてみます。

第三は、前記第一、第二の視点を補足するために、大学生たちが自分の子ども時代のごっこ遊び（空想遊び）を回想したエピソード記憶の記録を、随時織り込んでゆきたいと思います。絵本が絵と文で「語る」という手法において、子ども時代に特徴的な発達現象を意味づけ解釈するものならば、それを読む読み手に、自己の過去を振り返り自らの発達を分析・解釈する上で、――つまり「自分のなかに発達を読む」行為に――、どのような影響を与えるものでしょうか。読み手は、描かれているエピソードが自己の経験と重なるとき、そこで示唆されている意味づけや解釈を自分自身のそれと比較したり、ときにはそれまで自分では気づかなかった新しい解釈を発見し、自分というものの概念の組み直しや発達観の再構築をすることも可能だと思われます。

わたしは、１９９４年から学生たちに子ども時代のごっこ遊びの回想記録を書いてもらい、収集してきました。そして、１９９７年からは少し実験的な色彩を加え、外からは観察することができない、子どもの空想遊びの心的表象世界を巧みに描いた数冊の絵本を学生たちに見せ解説した後、彼女（彼）らのごっこ遊びを回想してもらい、その記録を収集しています。現在、わたしが所属する大学と非常勤の大学で収集した記録が約６００ケースほど手元にありますが、わたしの予想をはるかに上回る多彩な内容のものがあります。

かなりの学生たちが、「こんな機会でもなければ絶対思い出すことはなかった」とか、「すっかり忘れていたが、自分はとても幸せな子ども時代をもっていたんだ」などの感想を述べています。これら６０

０ケースのなかには、記録としては平凡かつ断片的なものや、学生によっては、なにも思い出さないという場合もあり、それはそれでひとつの研究課題となります。

わたしは、学生たちの回想記録を読むまでは、絵本のなかのいくつかの印象的な主題（エピソード）は、芸術家である作家・画家の特別な才能によるものであり、それほど普遍的には存在しないのではないかと考えていました。しかし、学生の回想記録を丹念に読み進めるうちに、語りの構図や技法の質は当然のことながら大きく異なるものの、具体的なエピソード内容については絵本とまったく同じものが数多く存在していることを発見しました。このことは、わたしの予想を大きく外れるものでした。

学生たちの回想記録を、この研究のなかに織り込むことの目的は、絵本作家・画家の取り上げる物語の主題が特別なものではなく、ごく普通の学生たちの子ども時代にも共通するものであることを示したいからに他なりません。

以上、三つの検討課題の具体的な方法などは、それぞれの問題を取り上げる各章のところで詳しく述べますが、次章ではこれらすべての研究の基盤を支える「子どもの心を理解するための絵本データベース」について触れておきます。

第2章　子どもの心を理解するための絵本データベース

1　「絵本データベース」の考え方

「絵本心理学」の構想をもってから、まず最初に考えたのが、現在までに出版され読みつがれている絵本には、どのような主題がどのような人間関係や環境設定のもとに描かれているのかを知るために、基本的な情報としての「絵本データベース」の構築を試みることでした。

わが国で出版されている「ブックリスト」は、伝統的に良い本選びが中心であり、近年、主題（subject）を中心にしたものも若干出はじめていますが、体系的なものとしては名詞でとる主題が中心です(1)。それに比べて英米語圏のものは、アメリカのバウカー社が伝統的に図書検索のための多様なライブラリーカタログを出版し続けており、子どもの絵本を含む児童文学の主題別リストブックもきわめて豊富です。そのなかでもわたしの研究に特別大きな影響を与えた主題別リストは、リマ夫妻による

A to Zoo: Subject Access to Children's Picture Books (2)でした。このなかには幼児から小学2年生程度までの子どものための絵本の主題が７００設定され、絵本の数も約１２、０００冊が掲載されています。わたしが衝撃を受けたのは主題と掲載絵本の数の多さもさることながら、主題をとる視点のユニークさでした。全体の構成としては、大主題（subject heading）と副主題（subheading）で統括され、その下に７００の主題が連なるかたちをとっています。この大主題は、公立図書館で一般的に使われている慣用語と、親や教師の質問をもとに司書が修正・応用して作ったものを併せて出来上がったオリジナルなものです。

とくにわたしの視野から抜け落ちていたのは、大主題のなかでも、**Activity**（活動）、**Behavior**（行為）、**Character trait**（性格特性）、**Emotion**（感情）の４主題でした。それらのなかには、**Activity**―「旅行する」「休暇を取る」「口笛をふく」など25主題、**Behavior**―「いじめる」「退屈」「不注意」「喧嘩をする」など43主題、**Character trait**―「人と違うこと」「勇敢」「自信」「利己的」「質問したがり」など45主題、**Emotion**―「怒り」「恐れ」「愛」「悲しみ」など10主題があり、いずれも子どもの発達を考え、解釈する視点の細やかさと深みを感じさせるものでした。

その他、参考になった文献としては読書療法的アプローチの *Books for Early Childhood: A Developmental Perspective* (3)があり、内容は、（1）怒りとその他の感情、（2）態度と評価、（3）家族関係、（4）恐れとファンタジー、（5）運動発達と身体の変化、（6）仲間と学校、（7）自己像と性役割、（8）単親と混合家族、（9）特別な発達的要求です。

そして最後に特筆すべきは、バウカー社の各年齢段階に応じたブックトークガイドの「年齢別」シリーズです。「4－8歳児向け」（*Primaryplots / A Book Talk for Use with Readers Age 4 - 8*）(4)と、「8－12歳向け」（*Introducing Bookplots 3 / Book Talk Guide for Use with Readers Age 8 - 12*）(5)、さらにこの上の「12－16歳向け」の（*Juniorplots 3*）がありますが、ここでは割愛します。

「4－8歳児向け」では、内容は（1）家族および友達関係を楽しむ、（2）肯定的な自己像をつくる、（3）日常の経験を豊かに重ねる、（4）絵本のなかにユーモアを見つける、（5）過去を探索する、（6）あなたの周囲の世界について学ぶ、（7）イラストレーションを分析する、（8）民話に焦点をあてる、にわかれています。

「8－12歳児向け」では、（1）家族で仲良く暮らす、（2）友達をつくる、（3）価値観を育てる、（4）身体的・感情的問題を解決する、（5）世界観を形成する、（6）生き物を尊重する、（7）社会問題を理解する、（8）おとなの役割を確認する、（9）本を楽しむ、です。

一見してわかるように、いずれの分類項目も子どもの人格発達と深く結びついたテーマで、幼児教育や幼児・児童心理学の研究テーマとしてもきわめて魅力的なものです。

さて、このような文献を参考にしつつデータベースづくりにとりかかったのですが、わたしはそのテーマを「子どもの心を理解するための絵本データベース」とし（以下「絵本データベース」と表記することにします）、大主題（Subject Heading）を6個、その下に280の主題（Subject）を選定しました。主題は、まだ若干の変更や増加が予測されます。また、現在のところ入力済みの絵本は、約2、100冊（1999年9月現在）で、英語版絵本約150冊を除いて後はすべて日本語版絵本（翻訳を含む）です。

では、どのような大主題のもとに、どのような主題が選定されているのかを示してみます。

2 大主題と主題、そして基本的な書誌項目

基本的な書誌項目としては、(1)絵本のタイトル、(2)画家・作家、(3)翻訳者、(4)シリーズ名、(5)出版年、(6)出版社。翻訳絵本であれば、(7)原著タイトル、(8)原著発行国、(9)原著発行年がつけ加わります。さらに、(10)文字あり・なし、(11)受賞歴、の情報が入力されています。

主人公の基本的プロフィールは、(12)性〈男・女・中性(事物等)・男女(複数の主人公)〉、(13)年齢層(グレイド)〈A赤ちゃん、B幼児、C小学校低学年、D小学校高学年、E中・高校生、F成人、G老人、H生涯(主人公の生涯を追う)、Zその他〉です。

つぎに、6個の大主題と280の主題を具体的に見てみます。

(1) 生活と自立

子どもの自立は、なによりも日々の生活を着実に積み重ね、ひとつひとつの行為を楽しみ味わうところから始まるものと考えられます。さまざまな生活技術を習得してしまったおとなにとっては当り前のことが、幼い子どもの視点・立場からみるならば、ひとつひとつが新鮮でときには難しく、また自分自

生活と自立

［選定された主題］

1 座る
2 歩く
3 着る
4 脱ぐ
5 見る
6 聞く
7 触る
8 におう
9 味わう
10 食べる
11 好き嫌いをする
12 眠る
13 一人で寝る
14 起きる
15 お風呂に入る
16 おまるに座る
17 おもらしをする
18 おねしょをする
19 指を吸う
20 愛着物をもつ
21 動物の世話をする
22 植物の世話をする
23 話す
24 読む
25 書く
26 考える
27 手伝う
28 お使いに行く
29 留守番をする
30 片づける
31 子守をする
32 料理をする
33 待つ
34 働く
35 訪ねる
36 口笛を吹く
37 三輪車に乗る
38 自転車に乗る
39 一人で電車に乗る
40 一人旅
41 泳ぐ
42 手紙を書く
43 電話をかける

身でもこの行為が生きる上でどのような目的とつながっているのかは理解できないことでしょう。

おとなの目には、このような乳幼児の日々の生活技術の獲得は、ともすれば到達目標へのプロセスに過ぎないものとして映ります。しかし、子どもはひとつひとつの自立への行為のなかに、人間としての感性を編み込んでゆくのです。立ち、歩くことは、単にひとりで動けるようになることだけではなく、足の裏で大地とリズムを交わし、筋肉を動かす快感でもあります。歩き始めた幼児のあのリズミカルで踊るような身体の動きは、見るものにも快の感情をもたらします。食べることも、単に栄養をとり大きくなるための行為ではありません。味わい、匂い、舌で確かめ、口でリズムをとり、おいしさを楽しむことでしょう。

優れた絵本は、子どもが人としての生活を組み立てる上で大切な問題はなにか、それは自立（自律）とどう結びつくのかを鮮やかに切り取ってみせてくれます。

（2）自我・自己形成

自分とはなにか、突然に自分が他者から異なった存在として感じられるときは、どのようなときでしょうか。子どもたちは、肯定的・否定的状況に遭遇しつつ、その経験を通して他者への態度を学びます。子どもたちが自己の存在を肯定的なものとして感じられることは、幸福な人生の前提となるでしょう。しかし、従来児童文学・絵本の主題として自我・自己の問題が扱われるときは、孤独・喪失体験等の葛藤状況を描いたものがとても多いものです。自己認識とは、自己に深く突き刺さる心理的な葛藤を乗り越えて、大いなる自信と一回り大きくなった肯定的自己を発見するための旅なのでしょうか。また、「自我・自己形成」の分野では、自然との触れ合いや子どもがひとりで過ごす時間の大切さが、しばしば文学や絵本のテーマとなっていることから、それらの主題も取り上げました。

（3）友達・遊び

友達・遊びが主題となっている絵本は、多いものです。しかし、その主題が子どもの発達もしくは心

自我・自己形成

［選定された主題］

44 反抗する
45 自己主張する
46 自信をもつ
47 自尊心をもつ
48 自己を確認する
49 他者を認識する
50 劣等感をもつ
51 失敗する
52 喪失する
53 孤独になる
54 消耗する
55 不安を感じる
56 嫉妬する
57 挫折する
58 偏見をもつ
59 差別する
60 癖をもつ
61 きょうだいの誕生
62 ペットの死
63 乳歯が抜ける
64 誕生日
65 引越し
66 入学・入園
67 父母の離婚
68 父母の再婚
69 祖父母の死
70 死
71 継父
72 継母
73 叱られる
74 誉められる
75 迷子になる
76 旅行する
77 少年になる
78 少女になる
79 価値観をもつ
80 願望をもつ
81 育む
82 登校を拒否する
83 家出する
84 自己と対話する
85 自然と対話する
86 一人の時間をもつ
87 月・星を眺める
88 夕陽を眺める
89 雲を眺める
90 幸福な想い出
91 不幸な想い出

友達・遊び

[選定された主題]

92 ごっこ遊び
93 冒険遊び
94 空想遊び
95 一人遊び
96 自然のなかの遊び
97 四季の遊び
98 きょうだいと遊ぶ
99 父と遊ぶ
100 母と遊ぶ
101 祖父と遊ぶ
102 祖母と遊ぶ
103 友達と遊ぶ
104 ままごと
105 かくれんぼ
106 水と遊ぶ
107 海と遊ぶ
108 砂と遊ぶ
109 泥と遊ぶ
110 雪と遊ぶ
111 風と遊ぶ
112 雨と遊ぶ
113 木と遊ぶ
114 玩具と遊ぶ
115 家具と遊ぶ
116 日用品と遊ぶ
117 動物と遊ぶ
118 架空の動物と遊ぶ
119 風船と遊ぶ
120 人形・ぬいぐるみと遊ぶ
121 手袋・帽子・靴下・傘
マフラー 等と遊ぶ
122 お風呂で遊ぶ
123 穴を掘る
124 ブランコに乗る
125 踊る
126 テレビを観る
127 パーティーをする
128 ピクニックに行く
129 遊園地に行く
130 動物園に行く
131 サーカスを見る
132 公園に行く
133 博覧会に行く
134 散歩する
135 友情を育む
136 喧嘩する
137 友達になる
138 仲間意識を育てる
139 幼稚園
140 保育所
141 学校

のありようとどのように深く関わっているのかを浮き彫りにした作品は、それほど多くはありません。遊びが子どもの心をどのように育むかは、重要な幼児教育、幼児・児童心理学の課題ですが、短い時間の観察では把握し得るものではありません。

幼い子どもが自分自身の内面世界をもっとも具体的・直接的に表現するときは、一般的には仲間との遊びであると考えられますが、それは象徴的表現であったり見立てのごっこ遊びであったりと、その意味するものは外からはなかなか把握しにくいものです。

しかし、空想遊びのファンタジーなどは、内なる「子ども」をもつ優れた作家の表現力により鮮やかに展開されることがあります。また、子どもの自然との触れ合いによる遊びが失われつつある現在、そのことの意味を確認するためにも、絵本のなかに現れた自然と子どもの関わりについての主題も数多く入れました。

(4) 性格

昔話には人間のもつ基本的な喜怒哀楽等が、究極のかたちで表現されてきました。近年、時代の複雑な社会状況を反映してか、子どもの性格描写等にもおとなと同じように入り組んだ複雑な表現のものがあります。しかし、性格の描写は文化によってかなり異なり、諸外国の絵本には、わが国の絵本にはほとんど登場しないような性格の子どもの描写があって興味を引かれます。

絵本というメディアで、どこまで子どもたちの性格の多様さを表現することができるものでしょうか。絵本は現実の子どもだけではなく、ときには動物や日用品、それにぬいぐるみ等の玩具を擬人化するこ

性格

［選定された主題］

142 勇敢な
143 ものごとをやり遂げる
144 勤勉な
145 忠実な
146 自己犠牲
147 寛大な
148 正直な
149 親切な
150 思いやりがある
151 優しい
152 動物に優しい
153 きれい好き
154 プライドがある
155 好奇心が強い
156 陽気な
157 楽天的な
158 ユーモアがある
159 機知がある
160 責任感が強い
161 社交的な
162 静かな
163 真面目な
164 我慢強い
165 注意深い
166 お人好し
167 生意気な
168 欲張りな
169 怠け者
170 うぬぼれ
171 わがままな
172 不機嫌な
173 利己的な
174 強情な
175 あまのじゃく
176 頑固な
177 腕白な
178 慌て者
179 はにかみ
180 臆病な
181 依存心が強い
182 飽きっぽい

とで、子どもたちのもつ性格特徴を巧みに描きます。子どもたちが、自分の内側にこのような特徴をもつ心の動きがあることを知ることは、生きることの豊かさにつながるでしょう。絵本のなかの絵というメディアが、大きな力を発揮します。

（5）心

性格と同様に、長く子どもに愛され読み継がれている絵本には、子どもの心を主題に扱ったものが多いものです。今後、絵本に新しい世界が開かれるためには、この領域の主題にいかに新

心

［選定された主題］

183 助ける
184 協力する
185 恩を返す
186 与える
187 プレゼントする
188 感謝する
189 礼儀をわきまえる
190 得意になる
191 自慢する
192 誇りをもつ
193 哀れむ
194 同情する
195 反省する
196 願う
197 感動する
198 愛する
199 愛される
200 尊敬する
201 楽しむ
202 幸せを感じる
203 探す
204 甘える
205 競争する
206 約束を守る
207 笑う
208 いたずらする
209 からかう
210 嘘をつく
211 いじめる
212 陰口を言う
213 たくらむ
214 ごまかす
215 真似する
216 仕返しする
217 仲間外れにする
218 仲間外れになる
219 へつらう
220 怒る
221 恨む
222 逃げる
223 はかなさを感じる
224 心配する
225 秘密をもつ
226 不注意なことをする
227 危険なことをする
228 不平を言う
229 誤解する
230 気にかける
231 うらやむ
232 当惑する
233 悲しむ
234 怖がる
235 恥ずかしがる
236 傷つく
237 退屈する
238 約束を破る
239 泣く

しい視点のものをつけ加えていくかが、大きな課題となるでしょう。

人生を楽しむということは、心の層の広がりと深まりをお互いに味わい、確認しつつ生きることではないでしょうか。子どもたちは、日常の生活のなかで流れるままに自分の気持ちを消費しているのかも知れません。人間にしか持ち得ないであろうこの「心」の存在に、もっと幼い頃から気づかせ、もっと多様な心や感情を掘り起こし味わうことを促すことが必要ではないかと思います。6個の大主題のうち、「心」（初期の頃は「子どもの心」でしたが、最終的に「心」で統一しました）は57と、一番多い下位主題をもつことになりました。

この分野の主題の絵本を眺めていますと、子どもたちはこんなところで悲しんだり、へつらったり、幸せを感じたりしているのだということがわかり、深く考えさせられることがあります。

（6）家族

子どもにとって家族とは最初の社会生活であり、もっとも早く人間関係のありようを学ぶ場でもあります。家族との暮しのなかで、子どもは自らの人生を位置づける基本的感情の表現方法やその制御の仕方を学びます。近年、家族の概念がわが国においても大きく変化し始め、その概念は血縁を越えて広く用いられるようになりました。また、高齢化社会のなかでの老人問題、拡大家族のあり方、さらには性別役割の変化等、家族についての主題は今後もますます多様化しつつ変化してゆくに違いありません。

家族

［選定された主題］

240 赤ちゃん
241 姉妹
242 兄弟
243 兄妹
244 姉弟
245 双子
246 異父母きょうだい
247 父
248 母
249 父性
250 母性
251 祖父
252 祖母
253 孫
254 おじいさん
255 おばあさん
256 おじさん
257 おばさん
258 父子家庭
259 母子家庭
260 かぎっ子
261 ひとりっ子
262 父母の仕事
263 核家族
264 拡大家族
265 結婚
266 夫婦
267 家族
268 性教育
269 休暇を過ごす
270 季節の行事
271 クリスマス
272 買物をする
273 お客さん
274 良い日
275 悪い日
276 特別の日
277 父母の子ども時代
278 歳をとる
279 住居
280 庭造り

3 「絵本データベース」が示唆するもの

さて、前述のような主題のもとに、現在まで約2、100冊の絵本がデータベース化されています（1999年9月現在）。最終的には、まだ翻訳されていない欧米のものを含めて1万冊くらいは入力したいと考えています。しかし、もうひとつの選択肢は量を増やすよりも、発達という視点からみて発想や表現が豊かな絵本を厳選するという考え方もあります。現時点では、むしろ後者の方が「絵本心理学」の構築にとっては、ふさわしいのではないかとも考えています。

ここで、「絵本データベース」の検索例を示すことにより、わたしの試みようとしていることの一端を示してみたいと思います。

わたしがこの「絵本心理学」の構想でもっとも強く念じていることは、前述したように心理学（特に幼児・児童を対象にしたものとなるが）のなかに個としての子どもを、トータルに把握する視点を確立してゆくことと、現代社会の子どもの発達を捉えるための新しい発達論を創ることです。そのためにも、下位主題の選定にはかなり多くの時間をかけました。まさに、データベースの思想・理念が問われるところです。

たとえば子どものユーモアの発達については、わたしも関心のあるテーマですが、わが国ではまだまだ未開拓の分野です。さらに、「感動する」ことや「幸せを感じる」という感性は、子どもたちの精神の輝きに深く関わることでありながら、伝統的な研究方法の限界から幼児・児童心理学の分野では、ほとんど手がつけられていません。そこで、大主題「性格」のなかの「ユーモアがある」や、大主題「心」のなかの「感動する」「幸せを感じる」を単独検索してみます。するとデータとして浮かび上がった絵本は、絵本の歴史のなかで繰り返し定番として描かれているストーリーもあれば、あっと驚くような新しい視点のものに出会うこともあります。

たとえば、「感動する」では、子どもの誕生日が主題になっているものが、今までにもさまざまな視点から描かれており、子どもたちがプレゼントをもらったり、祖父母との交流を通して大きくなることの感動が描かれていたりします。しかし、１９８８年度のコルデコット賞を受賞した絵本『月夜のみみずく』（ヨーレン詩／くどうなおこ訳／ショーエンヘール絵／偕成社／１９８９）（*Owl Moon*. Jane Yolen & John Schoenherr, New York, Philomel Books, 1987.）では、一人の少女が家族が寝静まった夜、お父さんと二人で静かな森へみみずくを探しに出かける絵本です。待ちに待ったこの夜、少女は毛糸のマフラーや帽子ですっぽりと頭を包み、じんじんする寒さをこらえつつ月光のなかで、森の木々が黒く浮び上がる山道を黙々と歩みます。お父さんの呼び声にみみずくが現れ、お互いが見つめ合う瞬間も感動的です。しかし、そこへ辿り着くまでの間に描かれた少女の姿には、この自然のなかでなにかを感じ、深く考える様子が実に巧みな絵で表現されています。自然の美しさと奥深さが、幼い子どもにもたらすものがなにかを知っている、作家・画家の哲学が切り開いた一冊です。

また、同じ主題の絵本であっても、その完成度には当然のことながらいくらかの差があります。もし、リストにあげられた一冊ずつの絵本をていねいに読み解くならば、子どもたちがどのような人間関係や環境のなかで、どのような種類の「感動」や「幸せ」を経験するものなのかについてじっくり味わう機会が得られるでしょう。研究者の従来の研究視点や子ども観では、気づかないような切り口からの「ユーモア」や「幸せ」の感情が解釈・表現されていると、そこで「子ども」なるものを再発見することもしばしばあります。また、主題×性別、主題×子どもの年齢層別、作家・画家別×主題等、研究目的に従ってさまざまなリストを引き出すことも可能であり、そこからまた新たな発想や研究テーマが生まれる可能性があります。

第3章　絵本は子どもが「自己と対話する」ことをどのように描いているか

わたしは、らっぱずいせんが　さいているだけで、しあわせ
トレーシー＝マローニー（6歳）イギリス『美しい地球をよごさないで』より

1　自己との対話

子どもというものの存在を捉える営みのなかでも、絵本作家（芸術家でもある）のそれはきわめて直観的・主観的でありながらも、子ども（人間）の存在そのものや発達のもつ意味を的確かつ鮮やかに捉えていることがあります。この章では、子どもの自立（自律）や自我・自己形成に大きく影響を及ぼすと考えられる、「自己と対話する」という主題を取り上げて、子どもたちはどのような環境や条件のもとで自分というものに気づき、自己と対話し始めるかを考えてみたいと思います。

この主題を設定した理由は、現代の子どもたちがあまりにも外から与えられる知識や情報を詰め込むのにいそがしく、内面から育まれる創造的な活動や思索の時間が奪われていることを懸念したからです。いくら大量の情報を外から与えられても、自らのなかにそれを吟味し、整理し、価値体系を組み直すよ

うなしっかりとした軸がなければ、本物の「自己」は創り得ないでしょう。

子どもは、自我のなかに他者（内なる他者）を取り込めるようになると、「自我の分身であり、自我と共存し自我と切り離しては考えられない第二の自我」（ワロン）を創り上げます。それは、「腹心の友として、助言者として、検閲官として、そしてまたスパイとして心の内面にひそみ、ときには外的実在性を与えられる」(1)と言われています。つまり自己との対話は、このような複数の「第二の自我」との対話です。このような心理的行為を通して、自分というものの社会的位置づけを確認し、他者から自立（自律）し安定した自己を創りあげてゆくことができるのです。

そこで、絵本は子どもたちが「自己と対話する」ことを、どのような時間と空間のなかで物語り描いているかを、構築中の「絵本データベース」により検索し、子どもが自己に出会うのはどのような環境や条件を通してなのかを考えてみたいと思います。

2 「絵本データベース」から浮かび上がった「自己と対話する」子ども

第2章で述べた「子どもの心を理解するための絵本データベース」を使い、すでに入力した絵本約2、100冊をもとに大主題「自我・自己形成」のなかの主題「自己と対話する」を、単独およびいくつかの他の主題と複合検索をします。このデータベースでは、280の主題のなかから5件まで主題の複合検索が可能ですが、あまりに多い複合検索は当然のことながら焦点がぼやけてしまいます。

そこで今回は、研究の目的にそって下記のような条件の検索を行ってみます。

（1）主題「自己と対話する」
（2）主人公の年齢層（グレイド）が「幼児」×主題「自己と対話する」
（3）主人公の年齢層（グレイド）が「小学校低学年」×主題「自己と対話する」

●検索結果のデータ一覧表は、絵本データベース（巻末のマニュアル参照）を御覧ください。

（a）「自己と対話する」の単独検索では、96冊の絵本が浮かび上がってきました。Sのマークは、シリーズのなかの1冊であることを示しています。

原著発行国の分布は、アメリカ39冊、日本22冊、イギリス16冊、スウェーデンが4冊、デンマーク・ベルギー・スペイン・フランス・オーストリアが各2冊、オーストラリア・ドイツ・ノルウェー・ハンガリー・ニュージーランドが各1冊の計96冊でした。そのうち未翻訳英語絵本は19冊です。

（b）主人公が幼児で「自己と対話する」は、23冊で原著発行国の内訳はアメリカ8冊、日本・イギリス各5冊、デンマーク・オーストリア・スウェーデン・スペイン・ハンガリーが各1冊です。そのうち、未翻訳英語絵本は2冊です。

（c）主人公が小学校低学年で「自己と対話する」は、31冊で原著発行国の内訳はアメリカ13冊、イギリス7冊、日本6冊、ドイツ・ノルウェー・デンマーク・スウェーデン、オーストラリアが各1冊です。そのなかに、未翻訳英語絵本はありません。

さて、「自己と対話する」が主題の96冊の絵本を丹念に見て行きますと、大まかに分けて四分野あることがわかりました。以下のとおりです。

(Ⅰ) ぬいぐるみ・秘密の友達等との対話
(Ⅱ) さまざまな葛藤・悩み・挫折等が新たなる「自己」を生みだし既存の自己との対話を促す
(Ⅲ) 自然が生み出すさまざまなものと静かに語り合うこと、または自然との融合体験を通して自らと対話する
(Ⅳ) 子どもがひとりで過ごす時間

これから、以上の四分野の絵本のなかの「自己と対話する」を各分野ごとに考察してゆきたいと考えますが、それらの考察のなかに、第1章で述べたように大学生が書いた「遊びの回想記録」を織り交ぜたいと思います。わたしは、この章で採り上げた絵本は、学生たちには一切見せていませんが、結果としてこれら絵本のテキストと実によく似たエピソード記憶が数多く収集されました。

（一）ぬいぐるみ・秘密の友達・見えない友達等との対話

「自己と対話する」の96冊の絵本のなかには、ぬいぐるみのくまのような実在性を与えられた「第二の自我」や、誰にも見えない「秘密の友達」としきりに対話する子どもたちが描かれているものがあります。子どもたちは、どのようなとき、どのようなものに自らの気持ちを託し、なんのために対話をするのでしょうか。

Ａ〈緊張・不安・孤独と向き合うとき〉

◆『あした、がっこうへいくんだよ』（カントロウイッツ作／パーカー絵／せたていじ訳／評論社／１９８１）（*Willy Bear*, Mildred Kntrowiz & Winslow Parker, New York, Scholastic, 1976.）

この絵本では、いよいよ明日から学校へ通うことになる前夜、ひとりの少年の不安と期待の入り交じった心理が、くま（もうひとりの自分）との対話を通してゆったりとユーモラスに伝わってきます。具体的な対話内容を、見てみましょう。

「おやすみ　ウイリー。めをとじて、すぐにも　おねむり。はなのあたまに　キスしてあげる。いつものように。そして　あした　きみ　ぐずったりしないで　ぱっちりと　げんきよく　おきてよ。なぜだか、わかる？」

やがてベッドに入り、「きみは　大きくなったんだから、あかりは　けすよ」と、言ったものの、「でもすこしあかるいほうが　おちつくだろ?」〔第1見開き〕

「ウイリー?　まだ　おきてるの?　ベッドからきみが　ぱっちり　めをあけてるのが　みえるんだ。どうして　ねむれないの?　どうしてか　しってる。のどが　かわいてるんだ!　のどが　かわくと、ねむれないよね。みずを1ぱい　もってきてあげる」〔第6見開き〕

つづいて少年もごくごく飲み、やっと落ち着いた少年〔第7見開き〕。

緊張と期待で眠れない少年は、明日自分が期待されている行為や眠れないときの折り合いのつけ方を、ぬいぐるみに託して自らに言い聞かせます。翌朝は、「げんきよくおきた」あと、自信に満ちた様子で大急ぎの着替えをする少年の姿が、見開きに四つのこま割でスピーディーに描かれています〔第10見開き〕。

「はは　みがいた?　かおは　あらった?　ごはんは　たべた?
まだ　ふくもきてないじゃないか!　あのね、きみをおいて、ぼくは　でかけなきゃならないんだよ」
〔第11見開き〕

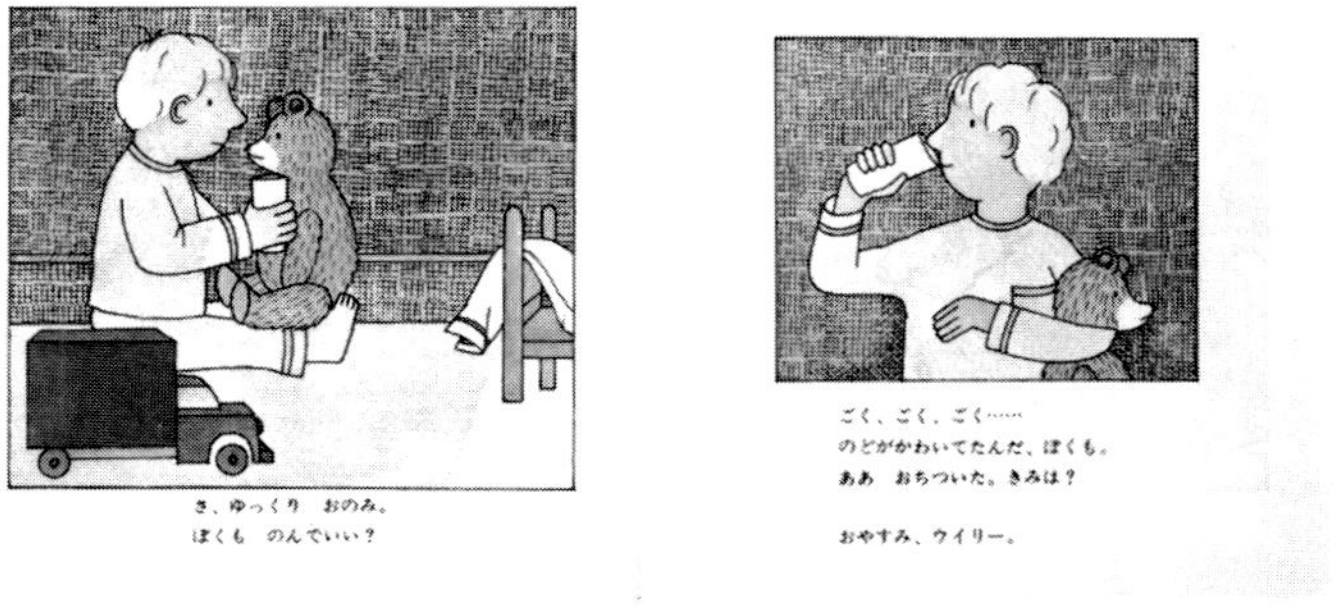

〈7〉

〈10〉

『あした、がっこうへいくんだよ』（カントロウイッツ作／パーカー絵／せたていじ訳／評論社／1981.）より最後の場面で、学校へ出かける少年を窓ごしに見送るくまへ、「さよなら、ぼくのくま　ウイリー」と、手を振る少年。入学を機に、一回り大きな自信と勇気を獲得した少年の姿が見られます。

このように、ぬいぐるみの動物やお気に入りの人形などは、「第二の自我」を担う相談相手・対話相手としての役割を演じ、多くの子どもたちに勇気や忍耐力を育んでくれます。遠足・休暇の前夜、病院へ行く前、またごく普通の日常生活においても、われわれの周辺にこのような子どもたちは数多くいるに違いありません。おとなが先回りして、子どもの不安を打ち消すような言葉を吐くより、子ども自らがじっくりと時間をかけてひとつひとつ確認し、自らが納得できる解決を見つけるまで待つことの方が、自己形成にとってはより重要だということを示唆しています。

なお、絵本の絵の引用につけた〈　〉のなかの番号は見開きの数字を示すものです。また、絵本には原則としてページは打たれませんが、ページが打ってある場合は〈○○ページ〉のスタイルで示すことにします。以下、この本ではすべてそのようにします。

さて、学生たちの回想記録のなかにも、このタイプの物語は数多くありました。関連する一部を、抜粋します。タイトルとケース番号は、わたしがつけました。また、（　）内は、このケース（回想記録）を収集した年度です。

［ケース１］ぬいぐるみのくまを友達に寂しさを紛らわす（１９９９年）

４～６歳のときひとりで、ぬいぐるみのくまと遊びました。期間は特にありません。なぜかというとお母さんの友達がお茶など飲みにこられたときに、ひとり違う部屋に行ってやっていたからです。大きなぬいぐるみをロッキングチェアーに乗せて、わたしが椅子を揺らして、まるでくまが本当に生きているかのように遊んでいました。くまは椅子からあまり降ろさず、ずっと椅子を揺らして話をしていたように思います。この遊びは、お母さんたちがわたしのわからない話をしていて、その場に居づらくて、違う部屋で寂しさを紛らわすためにやっていたのだと思います。ただ、くまのぬいぐるみで遊ぶこともできたと思いますが、揺らすことによって、より生きているというふうに思え、本当の友達のように思えたからだと思います。ひとりじゃ寂しく、人は誰かと話ができる人、聞いてくれる人が大切だと思っていたと思います。

［ケース2］まりちゃん（キューピー人形）は妹（１９９６年）

わたしは、小さいときキューピーちゃん人形とよく遊んだ。その人形は、わたしが赤ちゃんのときからずっとある人形だった。だから、その人形と遊んだのは、赤ちゃんのときから小学校中学年くらいまで遊んでいたような気がする。

わたしはひとりっ子なので、まりちゃんを妹のように扱っていた。食事のときも、わたしが抱っこしてご飯を食べさせていた。もちろん食べるわけはないのだが。それでも、ほんとうの人のように接していた。ピアノを弾くときも「まりちゃん聞いてよ」と言ってから一生懸命ピアノを聞かせていた。そのときは、自分がピアノの先生になったつもりでいた。まりちゃんといるときは、自分の方が偉いような気がしていた。小学生になってからは、字を習うのでまりちゃんに教えていた。漢字の練習ノートまで作って、日曜日にはまりちゃんに教え自分も学んでいた。

これに関しては、ぬいぐるみも使っていた。くまとかきつねや、うさぎなどのぬいぐるみを相手にして、先生になったつもりでいた。ぬいぐるみには、ひとつずつ名前を決めていて小さい部屋を与えていた。仲良く遊ばせてみたり、喧嘩をさせてみたりした。ときにはひとつのぬいぐるみを泣かせてみて、その泣かせた相手をわたしが怒ったりしていた。これは、わたしが泣かせるということは悪いと考えていたからだと思う。

小さい頃は近所の男の子と遊ぶことが多かったので、人形とかぬいぐるみは貴重な存在だったのである。家に帰ってもきょうだいがいないから、人形などで遊んでいたのだ。人形は、ひとりではなにもできない。人形を相手にすることで、わたしはいろいろな人になった。たとえば、姉や妹になったり、優しい先生になったり、怖い先生になったり、母のようになったりした。今考えるとまりちゃんは、想像上ではなく本当の友達だったと思う。だから友達を大事にする心をもてたのだろう。それから、人形を妹に見立てることにより、自分がしっかりしたように思えた。

［ケース3］人形を使って一人五役・六役を演じた（1996年）

わたしがよく遊んでいたのは、リカちゃん人形やバービー人形等で、わたしはひとり二役どころか五役も六役もやっていた。端から見れば面白かったと思うが、ひとりぶつぶつ独り言を言うように、人形一体ずつ声を変えたり、自分の一番気に入っている人形には一番綺麗な服を着せたり、その人形に自分がなりきったりしていた。場面を想定するのは自分の実生活が多かった。

たとえば、男の子の人形には自分の好きな男の子を見立て、仲良くした日には人形ごっこのなかでも仲良くしたり、喧嘩したときなどは人形ごっこのなかでも喧嘩させたりして、けっこう現実的なところもあったし、実際の相手を目の前にして言えないことも人形ごっこのなかでは、夢中になってしゃべっていた。反対に嫌いな子は一番気に入らない人形に見立てて、住む家も木の椅子のマンションではなく、よく小学校の頃、親が作ってくれた机の引き出しの汚くなったものを見立てて住まわせていた。

こういうふうな遊びは、小１ぐらいのときに始まり、結構長い間続いて、確かもう止めようかなと思ったのは小学校５年か６年のときだった。人形遊びの場合は他の遊びと違って、友達と一緒に遊ぶよりも一人の方が楽しかった。なぜかと言うと、人に知られたくないことや、人に干渉されたくないこと、なによりも自分の考えていることを覗かれたくなかったからだと思う。

親にも見られたくなくてこっそり遊んだり、言っていることが聞こえないように、一人でひそひそ言っていることもあった。この遊びを通して得たものは、自分というものを見つめることができるようになったこと、学校という集団のなかでどうすればうまくゆくか、どういう子は嫌われるか、また好かれるかなど、人を見る力がついたことである。また、自分がどういう位置にいるかということもわかった。今だから思うことだが、この遊びはかなり自分のストレスを発散させてくれたり、思春期という欲求や願望が強い時期の欲求不満等を解消してくれたと思う。

近年、少子化のせいかこのようなぬいぐるみ等を相手のひとり遊びや対話の記録が増えているような気がします。昔は、多くの兄弟・姉妹のなかで喧噪に満ちた環境に放りこまれ、ひとりになる時間がなかなかもてなかったため、このようにひとりで静かに自己対話する時間が望まれました。しかし、逆に、ひとりっ子であるがゆえにひとりきりの時間が増えることで、子どもたちに架空の友達を生み出す機会を増やしているような気がします。このことは、子どもたちの発達を考える上で新たな問題を引き起こすかも知れません。

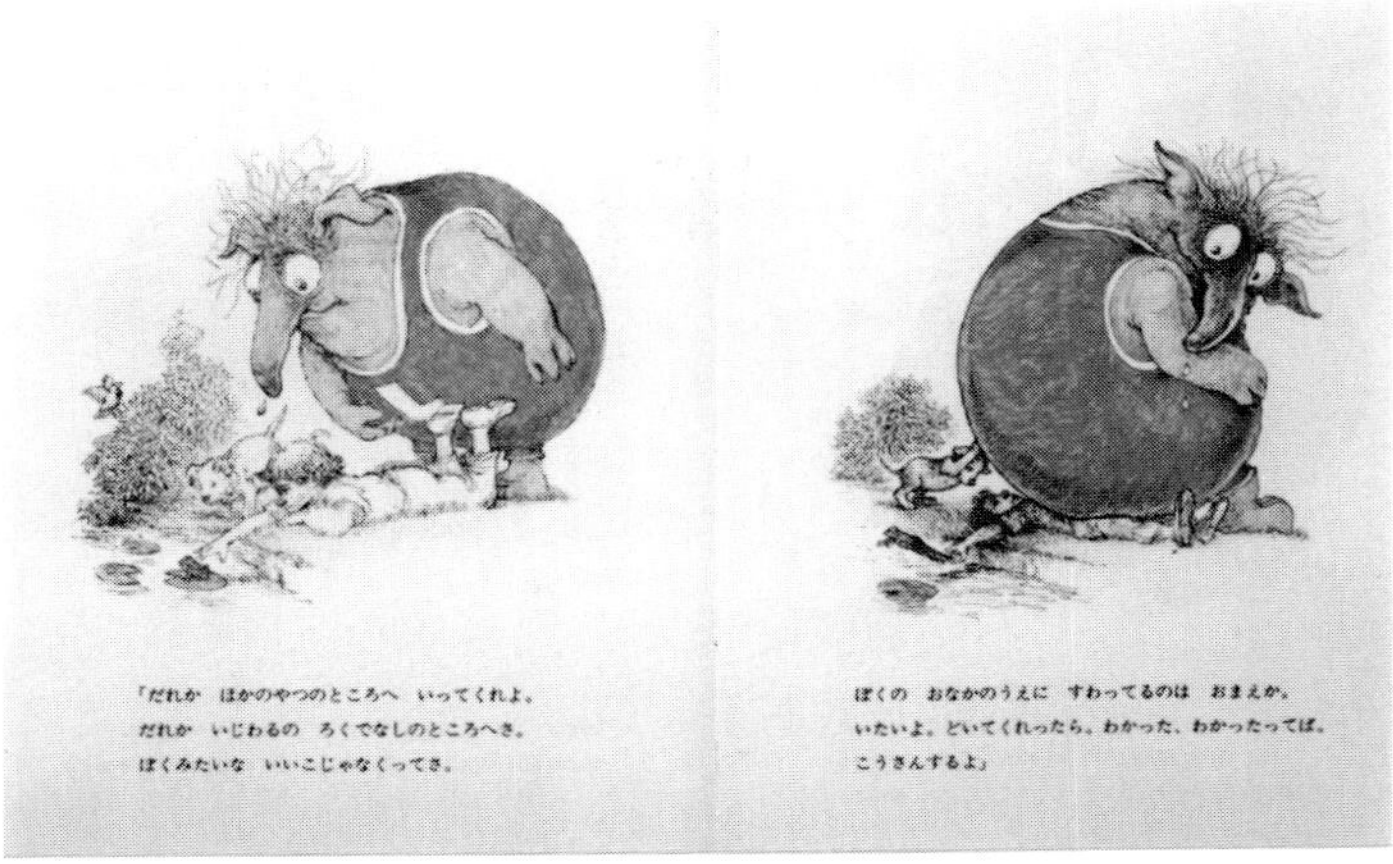
「だれか　ほかのやつのところへ　いってくれよ。
だれか　いじわるの　ろくでなしのところへさ。
ぼくみたいな　いいこじゃなくってさ。
ぼくの　おなかのうえに　すわってるのは　おまえか。
いたいよ。どいてくれったら。わかった、わかったってば。
こうさんするよ」

〈9〉

『ぼく　うそついちゃった』（シャーマット作／マクフェイル絵／大庭みな子訳／佑学社／1980.）より

それは、現実の人間関係のなかで生じる葛藤や摩擦を正視し得ない子どもたちを増やしたり、ものわかりよく静かではあっても、なんとなく組織的な協同作業は苦手であるおとなの誕生を見るかもしれないからです。しかし、このことはもう少しいろいろな視点から検討してみなくてはなりません。

◆『ぼく　うそついちゃった』（シャーマット作／マクフェイル絵／大庭みな子訳／佑学社／１９８０）（*The Big Fat Enormous Lie.* Majorie W. Sharmat & David McHail, New York, Elsevier-Dutton, 1978.）

思わず嘘をついたために、心のなかで後悔と不安の「ふとっちょウソ」がムクムクと育ちはじめ、ついには押しつぶされそうになってしまう少年の心理を描いたものです。

「ぼく、うそついちゃった。おおきな　ふとっちょの　でっかいうそを。　おとうさんは　ぼくに、『かんの　クッキーたべたの　おまえだろ』って　きいた。『ぼくじゃないよ』って、ぼく　いっちゃったんだ」〔第1見開き〕

「ぼく、たべなきゃよかった。うそなんか　つかなきゃよかった。でも、ぼくは　もう　ウソと　くっついちゃってる」と、憂うつそうな表情〔第3見開き〕

少年が心から払い除けようとすればするほど、「ウソ」はどんどん膨らみはじめ纏《まと》わりついてゆきます。もじゃもじゃ頭でギョロ目の「ウソ」は、つなぎの服の胸にLieの頭文字と思われる「L」マークをつけ、ユーモラスな風貌をしているものの、少年の背丈を超えてじりじりと太っていきます。

「おまえは　でっかい、　ものすごい　ふとっちょだ。くしゃくしゃあたまで、はなったれで、でぶで、きたならしいやつだ　おまえは」と、必死で「ウソ」を押さえつけようとします〔第6見開き〕

とうとう、自分の体の十倍ほどにも大きくなった「ウソ」に押しつぶされた少年は、あまりの苦しさに自分が嘘をついたことを両親に告白します。両親の前で話し始めるやいなや、「ウソ」は空気が抜けたように縮みはじめ、少年に取りすがろうとします。「ウソ」は、どこへ消えてしまったのでしょうか。

「きっと　もう　ちきゅうの　むこうがわに　いっちゃったかもしれない。うみをおよいでいるかな。それとも、どこかの　むじんとうで　たすけてくれってさけんでるかな」と、心から安堵した表情の少年〔第13見開き〕

少年は、これからもきっとまた自らが作り上げた「ふとっちょウソ」と対話する日があるでしょう。それとも、もう「ウソ」はこんなに大きくなる前に、少年によって無視されたり、叩きつぶされてしまうことになるのでしょうか。

詩人の谷川俊太郎は、「うそ」という詩のなかでひとりの少年の気持ちをつぎのように書いています(2)。

いっていることはうそでも
うそをつくきもちはほんとうなんだ
うそでしかいえないほんとのことがある
（一部抜粋）

すぐにばれる嘘、最後まで隠し通さねばならない嘘、親子ともどもわかり合っている嘘、自分でも嘘か本当かわからなくなってしまった嘘、少年の心のなかで生まれた「ウソ」はときどき読み手の方にも不気味な瞳をチラリと向けてきます。少年の素直で真剣に悩む表情は、読み手にも息苦しいまでの緊張を伝えてきます。幼児であっても死ぬほど悩むことがあるものです。「ふとっちょ嫉妬」や「ふとっちょ裏切り」だって、おとなと同じように子どもの心に重くのしかかることがあるでしょう。おとなの場合は、「ふとっちょ…」はもっと社会化され、法律や慣習それに世間体等という心理的拘束となり大きくのしかかります。

子どもが急に黙り込んだり、食欲がなくなったり、荒れたりするとき、おとなは子どもたちが、どんな「ふとっちょ」を背負い込んでいるのかを考える必要があるでしょう。そんなとき、子どもたちは、自分だけの「カウンセラー」を密かに創り、乗り越えようとすることがあります。

◆『アルド・わたしだけのひみつのともだち』（バーニンガム作／谷川俊太郎訳／ほるぷ出版／１９９１）

（***ALDO***, **John Burningham, London, Jonathan Cape, 1991.**）

「とくべつなともだち」のうさぎの「アルド」をもつ少女の物語です。痩せてひょろりとした手足、頭がアンバランスに大きく、そこはかとなく身体に寂しさを漂わせた少女。セーターのあわいレモンイエローが、読み手の目にしみます。

「わたしはひとりきりで　すきなように　ときをすごすことがおおい」〔第1見開き〕

「なまえはアルド」「アルドはわたしだけのともだち、ひみつのともだち。ほんとにこまったときはいつでも　わたしのところにきてくれる。たとえば　こないだみたいに　わたしがいじめられたとき」。〔第5見開き〕

「アルドのことは　だれにもぜったいはなせない。ぜったいしんじてもらえないし　みんな　わらうだけだろう」〔第8見開き〕

少女の奥深い心のなかにある不安と恐怖を暗示するかのような、赤黒い暗闇を背景に、蝋燭一本でアルドに導かれ綱渡りをする少女の姿が象徴的に描かれています。

「もちろん　アルドのことを　すっかりわすれているひもある。でも　わかってるんだ、もし　ほんとにつらいことがあれば」〔第15見開き〕

「いつだって　アルドがきてくれるってこと」〔第16見開き〕

結末にむかうほど色彩が柔らかくなり、少女の顔にも表情らしきものが現れ始めます。

訳者の谷川は、この絵本の「あとがき」でこのような秘密の友達は「バーニンガムの創作であると同時に、もっと普遍的な深い人間の心にその根をおろしていると言えるでしょう」と述べ、「広い意味では、本もマンガもペットもポケットのなかのがらくたも、そのような子どもの成長の秘密にかかわっていると思いますが、ときにはこのアルドのような存在が子どもをとりまく世界からひととき子どもを守り、大人の社会への橋渡しの役割をはたすのではないでしょうか」と語っています。

なまえはアルド。
アルドはわたしだけのともだち、ひみつのともだち。
ほんとにこまったときは いつでも
わたしのところにきてくれる。
たとえば こないだみたいに
わたしがいじめられたとき。

〈5〉

〈8〉

『アルド・わたしだけのひみつのともだち』(バーニンガム作／谷川俊太郎訳／ほるぷ出版／1991.)より

わたしが、この「見えない友達」について最初に知ったのは、波多野完治が１９３５年に雑誌『児童』に「見えないお友達」というタイトルで論文を発表しているのを読んだときです。「筆者の家族の子供は、三歳をすぎてまもなく、これと同じ現象に這入ったが、然しこの場合は『友達』ではなくて、『妹』であった。田舎に自分の妹があって、自分はそれをとても可愛がって居る、というのである」(3)と述べています。

また浜田寿美男は、このような子どもたちの内的対話を「ひとり言葉」と言い、「いずれにせよ、ひとり言葉の出現は、具体的な他者との対話関係とは別に、ひとりで自己内対話ができる回路のあることを示すもので（中略）ここに共同の対話場から個別性が析出してくるひとつの過程を見ることができます」(4)と述べています。

その他、このタイプの絵本には、弟の誕生で母の愛が信じられず不満と孤独にさいなまれる少女・ジェシカがぬいぐるみのとらとの対話を通して、気持ちを取りもどす絵本『つきのひかりのとらとーら』（ルート文／ヤング絵／野中しぎ訳／福武書店／１９９１）(*Moon Tiger.* Phyllis Root & Ed Young, London, Watson, Little, 1985.)、障害をもった少年が木の枝で作られた人形と対話しつつ自信と勇気を育む『あつおのぼうけん』（田島征彦・吉村敬子作／童心社／１９８３）等があります。

［ケース４］兄への親の愛情も全部取り上げたくて（１９９５年）

当時（4～5歳の頃）、わたしはとても弟が欲しかった。近所のおばちゃんに「たっくん（3歳年下）をちょうだい」と言ったら、おばちゃんは「みかちゃんのお母さんにたのみ」と言った。わたしはそのことを母親に告げたが、母親は全然とりあってもくれなかった。そこでわたしは4歳のお誕生日にもらった、わたしの身長と同じくらいの大きなうさぎのぬいぐるみを弟にした。うさぎのぬいぐるみは「まあくん」と名付けた。その時代に流行っていたマンガに出てきた人の名前だったと思うが、詳しくは覚えていない。

もちろん家ではそのまあくん両手にエレクトーンを教えたり（結局、わたしが弾いているのだが）、ティッシュで作ったおむつをまあくんにつけたり（後で母親にきちんとした布おむつを作ってもらった）、タオルやハンカチを利用して服を作ったりした。服はちゃんとズボンになっていて、近所に住む友達から作り方を教えてと言われ、鼻をふくらませていたものだ。ちなみにこの服は、針と糸は使わずセロテープと輪ゴムでできていた。そのうちよく似たぬいぐるみを持った隣の子と砂場へ、ままごとセットとまあくんを持って行き、「ままごと」をするようになった。まあくんはそのときばかりはお父さん役、わたしがお母さん役、友達がお姉ちゃん役、その友達のぬいぐるみは赤ちゃん役だったと思う。

わたしはこの遊びを通して、お母さんのお手伝いをよくするようになったと思う。弟の世話をするということで、自分のことよりも先にまあくんのことを一応はやっていた気がする。自分は弟が欲しかったので、それをぬいぐるみに見立てたというのは、単に弟が欲しかったからとは思いにくい。兄への親の愛情も全部自分に取り上げたくて、人から愛されたくて、そんな気持ちも含まれていたと思う。わたしと兄はかなり年齢の差があって、兄はそのとき中学受験のため親に送り迎えをしてもらって、塾へ通っていたのだ。それでわたしは、ときどきとても幼稚になっていたらしい。

アルドは架空のうさぎですが、ケース4のうさぎは実物のぬいぐるみです。絵本のなかの少女のぬいぐるみと同じように、いずれも主人公の背丈くらいの大きさだったという類似点が、とても面白く感じられました。ぬいぐるみの背丈や大きさ、それに重さ、手触りなどもおそらく子どもたちがそれから引き出すイメージに、大きな影響を与えていると思われますが、そのようなことに関する研究をわたしはまだ見たことがありません。

このように子どものなかの「第二の自我」「内なる他者」の存在は、なにかの媒体をとおして現れ、それらは幼児を主人公にした絵本のなかに少なからず見られます。それらの「他者」は、前述したとおり玩具や愛着物などの実在するものをはじめ、空想の友達や架空の生きものなどもありますが、やがてはそのようなイメージを促す媒体をもたなくても、思考回路のひとつとして定着するようになります。子どもたちはどのようなとき「秘密の友達」をおとなに紹介し、またどのようなとき、秘密にしたいと思うのでしょうか。興味のある問題です。

B〈失敗や叱られたあとで〉

遊びが過ぎて脱線したときや、わかってはいるけど同じお小言をくどくどおとなから言われると腹が立ちます。そのようなときおとなに悩みがあると同じように子どもも「しつけ」の狭間で悩むことが多いと思われます。そんなとき子どもたちは身近なぬいぐるみや秘密の友達に、なにを語りかけるのでしょうか。

◆『トムとピッポとペンキぬり』『トムとピッポとおさんぽ』（いずれもオクセンベリー作／児島なおみ訳／Libro／１９９０）(*Tom And Pippo Make A Mess.* Helen Oxsenbery, London, Walker Book, 1988.) (*Tom And Pippo Go To A Walk.* 1988.)

これらは、シリーズもの4冊のなかの2冊です。3歳くらいの男児が主人公で、父母から叱られた後、いつもぬいぐるみのピッポ（手長ざる）に自分が叱られたと同じように叱りつけます。『トムとピッポとペンキぬり』では、父親の、ペンキ塗りをちょぃと真似してみます。

「パパが　ペンキぬりを　したひに　ちょっと　へやに　いないとき　ぼく　おてつだい　しようとして　ペンキを　ぬった。　そうしたら　パパは　ぼくが　きたなく　したといって　おこった」〔第4見開き〕

白い壁には、ピンクの刷毛の形がぬたくってあります。

「でもね　パパの　おてつだいを　しようと　いったのは　ピッポ　だったんだよ。だから　ぼく　ピッポに　おこった」〔第5見開き〕

パパとそっくりな顔でピッポ（ぬいぐるみ）を叱る「ぼく」の表情には険しいものがあります。「ぼ

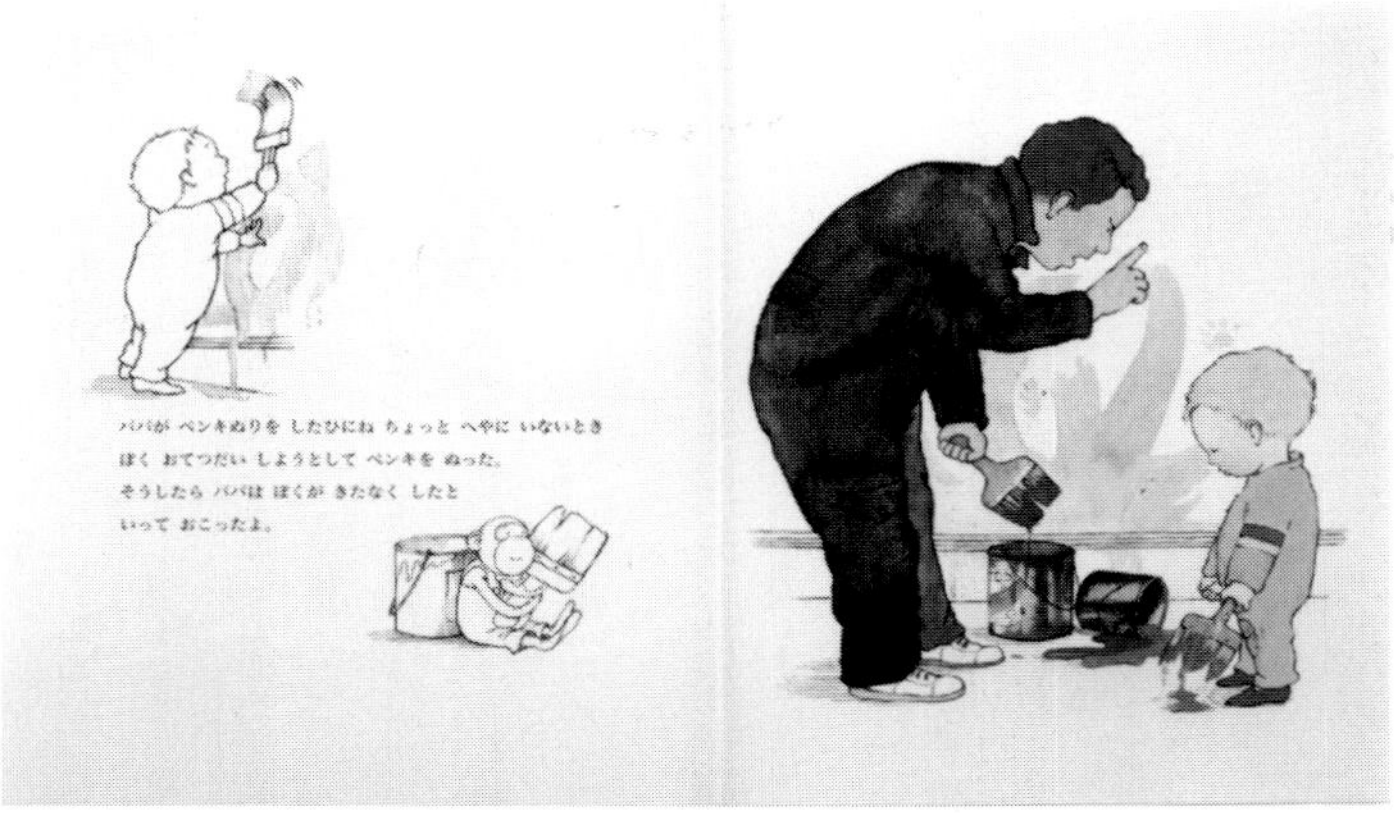

〈4〉

〈5〉

『トムとピッポとペンキぬり』（オクセンベリー作／児島なおみ訳／Libro／1990.）より

く」は叱られ方と同時に叱り方を学んでいます。自分が受けているしつけを心のなかで反芻するかのように、ピッポにも話して確認してみます。

『トムとピッポとおさんぽ』では、ピッポと一緒に仲良く出かけますが、

「ピッポもいっしょに　はしりたいって　いうから　ふたりで　はしったら　ぼくたち　ころんじゃった。ピッポが　はやく　はしらせるから　いけないいんだよ」〔第4見開き〕

泥水でぐっしょり濡れてしまい、泣き出した少年。

いつも子どもの感情の負の部分をがっちりと受けとめてくれる大切なぬいぐるみは、前述の学生たちの回想記録にも見られるように、子どもにとっては大きな慰めと反省の拠り所でもあります。もう少し大きくなると、今度は父母の代わりに子どもたちを監視し、しつける役も果たしてくれるかもしれません。自分で克服しなければならないことはなにか、わかっているけどつい繰り返してしまう失敗をぬいぐるみに教えつつ、自分にも教え込みます。おとなの独り言にも似たぬいぐるみとの対話は、内言が外言へと表出されてしまう「自己中心性言語」（ピアジェ）(5)でもあります。

オクセンベリーは、このような幼児の心理を深く洞察する絵本を数多く出版しています。

◆『ぼくのせいじゃないのに』（ロス作・絵／いくしまさちこ訳／アルク／１９９０）（*Oscar Got The*

〈5〉

『ぼくのせいじゃないのに』（ロス作・絵／いくしまさちこ訳／アルク／1990.）より

Blame. Tony Ross, London, Andersen Press, 1987.）

主人公のオスカーには秘密の友達ビリーがいますが、パパもママも「ばかな　ことを　いうんじゃない」と、取り合ってくれません。

〔「ビリーが　うちの　なかを　ほんの　すこし　よごしても……叱られるのは　オスカーです」〔第5見開き〕

壁には、真っ黒な泥の手形がつきお母さんはもうカンカンに怒っていますが、本当は僕じゃないとオスカーは、言いつのります。いたずらは日に日にエスカレートしてゆき、目を真っ赤に充血させ怒り狂った父に怒鳴られたり、母にものを投げつけられたりと、本当はビリーがやったことなのにいつも怒られるのはオスカーです。

これはおとなにもよくある、本当に悪いのは「アイツだ」の心理によく似ています。おとなの場合は、それが自分じゃない「アイツ」であったり、「今回は特別の事情」であったり、「間が悪かったり」と合理化の理由は知識の数だけ増加します。

こんな都合の良い「ともだち」をもつ子どもに対して、おとなはどんな対抗手段で応じれば良いのでしょうか。つぎに、「秘密の友達」をもつ子どもとゆとりをもって上手につき合う父親を見てみたいと思います。

C〈秘密の友達〉

◆『ひみつのともだちモルガン』（ベリィストロム作／やまのうちきよこ訳／偕成社／１９８２）(*Alfons Och Hemlige Mällgan.* Gunilla Bergström, Sweden, Raben & Sjörgen, 1976.)

父子家庭の家族に、男の子のアルフォンスの「みえない友達」として入り込んできたモルガン。ご飯を食べるときも保育園へ行くときもいつも一緒です。

あるときアルフォンスは、パパの大切なパイプを汽車ごっこに使い、無くしてしまいますが、パパには「しらない」と嘘をついてしまいます。そんなとき、パパはアルフォンスの秘密の友達モルガンに懐中電灯のプレゼントをします。その電灯で自分の部屋のすみずみを照らしていたアルフォンスは、とうとうパパのパイプを見つけることができました。

「……パイプです。パパのパイプでした。アルフォンスは、パパのところへ　かけていきました。『パ

モルガンは、パパと アルフォンスの あいだに
すわりました。いつもと ちがって、
三にんとも だまって たべました。
パイプが ないので、ごはんの あとも、
パパは おちつきません。パパは、
「なくなるはずは ないんだがなあ。」
と、ためいきを つきました。

〈5〉

かえりは バスに のりました。
パパが アルフォンスの となりに
すわろうとすると、アルフォンスは、
「モルガンが、すわってるんだよ。」
と、いいました。
「あ、そうだったね。」 パパは
うしろの せきに こしかけて、
「パイプは かいしゃにも
なかったよ。」と、いいました。
アルフォンスは、
「あの じどうしゃ みて！」
と、パパに いいました。
パイプの ことは
ききたくなかったのです。

〈8〉

『ひみつのともだちモルガン』（ベリィストロム作／やまのうちきよこ訳／偕成社／1982）より

パ、モルガンが、おみやげ　ありがとうって　よろこんでいたよ。それから、はい、パパのパイプ』」〔第12見開き〕

最終見開きでおいしそうに煙草をすうパパにアルフォンスが言います。

「モルガンが　いっしょうけんめい　さがして、みつけてくれたんだ」〔第12見開き〕

なんと、穏やかで心憎い父の解決策でしょうか。たった二人の静かな父子家庭のなかに、こんな「架空の友達」を住まわせる親子の豊かな発想は素晴らしいものです。家族によっては、「姉」や「兄」が存在することもありうるでしょうし、前述のケース４ではやはり弟が母親と共有され、家族の一員になっていました。寂しさを和らげたり、衝突を回避したりする役割を担うこの「内なる家族」は、親子関係を柔軟にするための思考回路の多様さの反映でしょう。

このようなぬいぐるみに託された友達や、見えない友達の存在は学生の記録にもかなり存在します。前述のケース４は、いずれも年齢が幼児から小学生と比較的低いため、ぬいぐるみや人形等の愛着物に「第二の自我」や「内なる他者」が託されていましたが、中学生のように年齢が高くなると託す物のかたちも変化し、やがて見えないものへと移り変わります。

［ケース5］筆箱のイラストとの対話（1994年）

わたしは、イラストの女の子と友達になりたかった。小学校2年のときに買ってもらった筆箱に可愛い女の子の絵が描かれていた。イラストなのに、なんとなく仲良くなれそうな気がした。友達というよりお姉ちゃんが欲しかったのかもしれない。とても話がしたかった。一緒に遊びたかった。一緒に学校へ行きたかった。わたしはその女の子に確か「まりちゃん」という名前を付けた。そんなとき、クリスマスがやってきた。クリスマスが近づくと母はいつも「サンタさんに欲しい物をお願いしなさい」と言って、窓を開けた。小2のわたしは「なにもいらんけん、まりちゃんを本当の人間にして」となんども言った。「サンタさんが困るからやめなさい」と、母は言った。「サンタさんならできるもん」とわたし。今考えてみると、母は非常に困ったであろう。

もちろんまりちゃんは、イラストのままである。けれどわたしはよくまりちゃんと遊ぶ夢を見た。夢のなかでまりちゃんは、わたしの隣にいた。一緒にお風呂に入った。一緒に食事をした。一緒に学校へ行って、一緒に遊んだ。イラストのなかの女の子と友達になりたいと思ったのは、おそらくこの一度だけだと思う。とても強い気持ちだった。わたしがまりちゃんと友達になりたいと思ったのは、小2の冬から小3の春である。

［ケース6］木は話の通じる友達だった（1994年）

学校の帰りは、ひとりだったときが多かったので、自分の空想を相手にお喋りするのを楽しんでいた。それから、帰り道に一本の木があったので、その木にも毎日挨拶をした。わたしにとってはそれは木ではなく、話の通じる友達だった。周りに誰もいないときは、その日あったこととかを長々と木を相手に喋っていた。別に友達がいないとかそういうことではなかったけど、この木とのお喋りはとても楽しかった。

大きくなるにつれて木に話しかけるなんてことは無くなったが、今でもその木を見ると友達のように思える。よく話しかけていたのは、小学校５～６年のときだったと思う。このお陰で、帰り道はとても楽しかったのを覚えている。

［ケース7］架空のペンフレンドにより考え方が大きく広がった（１９９４年）

中学１年生の頃、友達とわたしのなかで奇妙な友達がいた。わたしとその子は交換日記をしていたのだが、そのなかに「存在しない人」がいた。その人物の名前もちゃんと「しょう」とあって、その子がどうしてできたかはっきり覚えていないが、その子の役はわたしと友達が代わる代わるやっており、その子は第三者的存在でわたしたちの考えとまた違ったものをもっていた。わたしか友達のどちらかがその子であるはずなのに、おかしい話である。その頃、自分と違った人になりたいと思っていたからだと思う。自分の考えとまた別の考えを書くことによって、そういう思いを発散していた。

自分に嫌気がさし、他の人に憧れていた時期だった。その経験から、自分のことをちょっと遠くから見ることができた。客観的な立場から自分を見て、考え方等が大きく広がった。それを止めてからわかったことだが、そのとき自分はとても寂しかったのだと思う。その「存在しない人物」は、三か月くらい続きまたなにかの拍子で消えた。

［ケース8］励ましてくれた架空の友（1994年）

中学生の頃転校してきて、友達がいなかったので心のなかにもうひとりの人物を作って心のなかで会話していた。初めは友達がいなかったから架空の人物を作って会話をしていただけだったけど、学校のクラスや部活で嫌なことがあったときなどに心のなかの人物に話しかけて、その人に励ましてもらうというようなことが多くなった。どうしてもつらくて耐えられないときは、夜自分のマンションの屋上に行って星を見ながら、自分の心のなかのもう一人の自分に語りかけていた。

心のなかの人物は決して人を傷つけるようなことは言わず、いつもプラス思考だったのでわたしの中学三年間は、その人に支えられていたような気がする。心のなかの人物と話をすることによって、自分の考えを整理することもできたし他人を悪く考えなくなった。だから、他人がどんなに自分にひどい仕打ちをしても、それが大したことに思えなくなったし、そういうことをする人は、本当に心の狭い人間だと思い、気にならなくなった。今考えると、心のなかに架空の自分を作ることによって、自分自身の心の成長になったと思う。

ケース7・8は、まさに「自我の分身」であり、その存在が人格発達に大きな影響を与えていることがわかります。最終的には、「分身」は自我のなかに融合されたり、自我を構成する複雑な層のひとつに位置づけられることで、反省的思考が子どもたちのなかに形成されることになるのでしょう。子どもたちは両親やきょうだいとの葛藤や現実の友達とのぶつかり合いの後、密かに内側でこのような営みを通して自らにさまざまな視点からの問いかけを行い、懸命に自己確認をしていることはとても興味深いことです。

（二）さまざまな葛藤・悩み・挫折が、新たなる「自己」を生み出し既存の自己との対話を促す

子ども（人間）は、すでに獲得している技能や知識、思考方法を越える問題にぶつかったとき困惑し、傷つき、悩み、はては自分でも制御できかねるような感情に振り回されることがあります。一般的に言えば、文学や絵本のなかには人間的ドラマが描かれているわけですから、程度の差こそあれすべての作品がなにがしかの葛藤を内包することは事実です。

しかし、それらの作品のなかでもここで取り上げるものは、引き起こされた葛藤を解消するため、そのエネルギーが他者や外側へと向けて行使されるだけではなく、同時に内省的思考へと循環させることのできる主人公を描いたものです。

人がなにかの問題に突き当たるとき、それが激しければ激しいほど今まで自分では気づかなかった未知の感情や内奥にひそむ心理の諸相が引きずり出されてきます。

神谷美恵子は、「苦悩がひとの心の上に及ぼす作用として一般に認められるのは、それが反省的思考を促すという事実である。苦しんでいるとき、精神的エネルギーの多くは行動により外部に発散されずに、精神の内部に逆流する傾向がある。そこにはさまざまな感情や願望や思考の渦がうまれ、ひとはそれに眼をむけさせられ、そこで自己と対面する。人間が真にものを考えるようになるのも、自己にめざめるのも、苦悩を通してはじめて真剣に行われる」(6)と述べています。

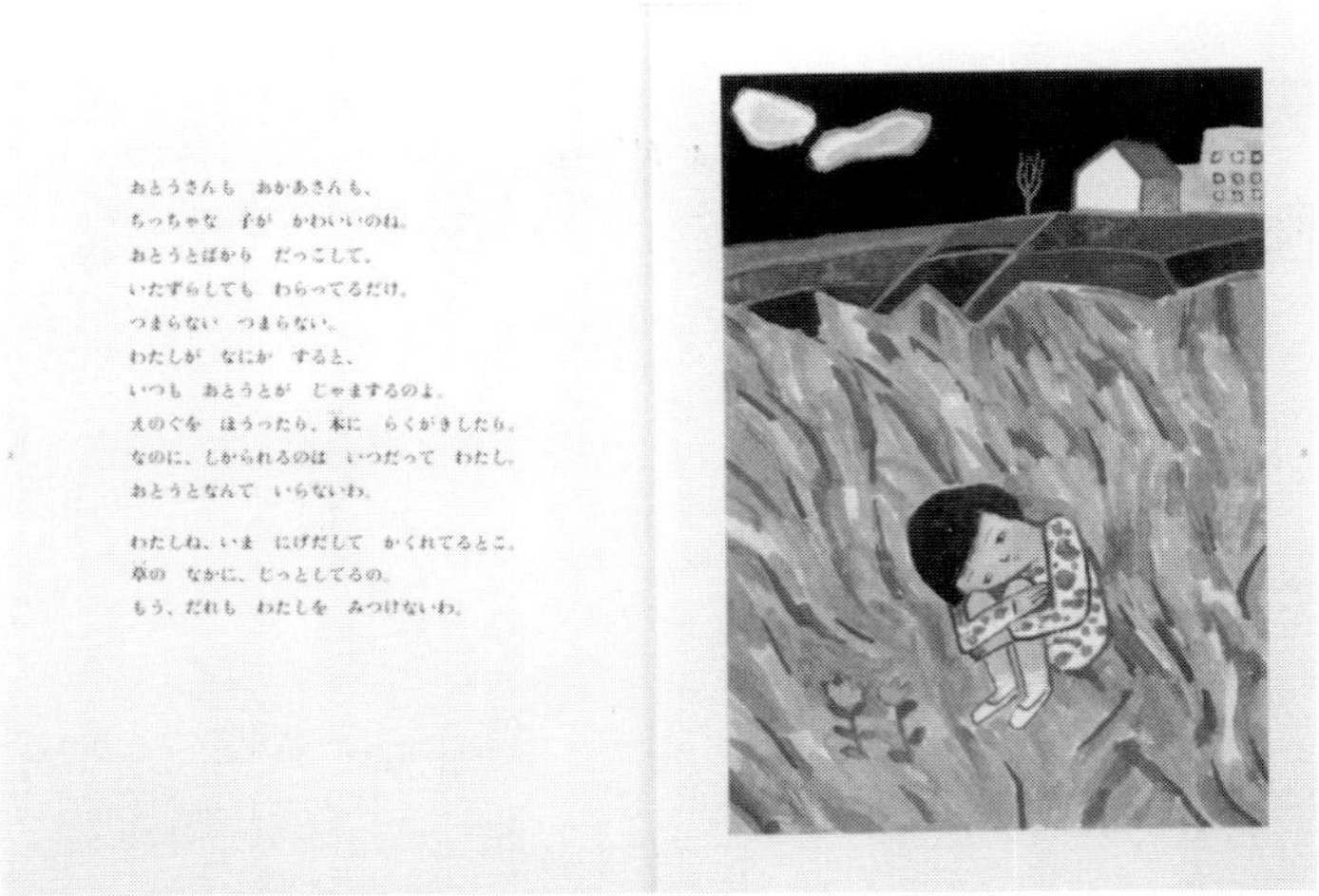
おとうさんも　おかあさんも、
ちっちゃな　子が　かわいいのね。
おとうとばかり　だっこして、
いたずらしても　わらってるだけ。
つまらない　つまらない。
わたしが　なにか　すると、
いつも　おとうとが　じゃまするのよ。
えのぐを　ほうったら。本に　らくがきしたら。
なのに、しかられるのは　いつだって　わたし。
おとうとなんて　いらないわ。
わたしね、いま　にげだして　かくれてるとこ。
草の　なかに、じっとしてるの。
もう、だれも　わたしを　みつけないわ。

〈2 - 3〉

『もしも……』（神沢利子文／太田大八画／童心社／1993.）より

では、具体的な絵本にそって考えてみます。とりあえず、今回は「絵本データベース」から浮かび上がってきた悩みや疎外感を描いた絵本を四種類に分けてみました。

A〈弟妹の誕生や兄姉からの自律を機に生じる葛藤〉

新しい弟妹の誕生で生じる両親への不信と孤独、今まで庇護者であった兄姉からの離脱の願望は、伝統的に幼い子どものための定番となっている絵本の主題です。

◆『もしも……』（神沢利子文／太田大八画／童心社／1993）

新しく誕生した弟が今までの両親と自分の愛情関係を切り崩してしまったために、自分の存在の不安定さに耐えきれなくなる姉の物語です。彼女は、そっと草原へと出かけ、そのなかでひっそりとうずくまり「もしも他の動物になれたら」といろいろな動物の想像をし、新しい自分探しの対話を始めます。

「おとうさんも　おかあさんも、　ちっちゃな　子が　かわいいのね。おとうとばかり　だっこして、いたずらしても　わらっているだけ。つまらない　つまらない。わたしが　なにかすると、いつもおとうとが　じゃますのよ。えのぐを　ほうったり、本に　らくがきしたり。なのに　しかられるのはいつだって　わたし。おとうとなんて　いらないわ。わたしね、いま　にげだして　かくれているとこ。草の　なかに、じっとしてるの。もう、だれも　わたしを　みつけないわ」［２‐３ページ］

切なく寂しい表情で、草原のなかの黄色い花をひっそりと眺める少女の背後には、はるか遠くに家族の住む家が小さく描かれています。

これとは対照的に、今までなにかと世話を焼いてくれた姉からの離脱を決行した妹の自律の物語があります。

◆『ねえさんといもうと』（ゾロトウ作／アレキサンダー絵／やがわすみこ訳／福音館書店／１９７４）
(*Big Sister and Little Sister.* Charlotto Zolotow & Martha Alexander, New York, Harper & Row, 1966.)

妹の姉さんからの鮮やかな自律の「とき」を描いた一冊です。

妹は、やはり野菊に埋もれて空を見上げながら姉さんの今までの「さあ」だの、「ほら」だの「こうし

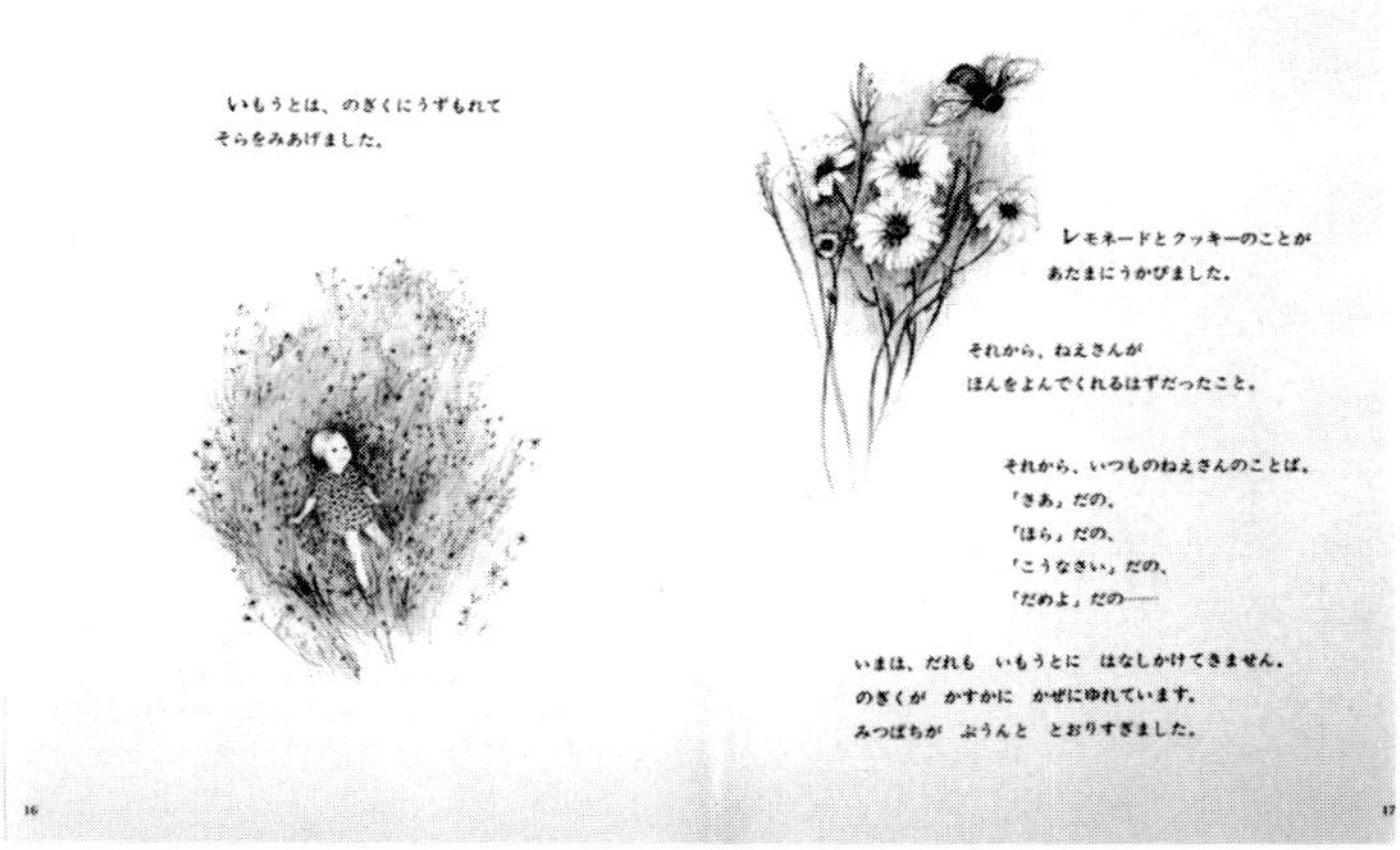

〈16 - 17〉

『ねえさんといもうと』（ゾロトウ作／アレキサンダー絵／やがわすみこ訳／福音館書店／1974.）より

なさい」だのの言葉が心のなかから色あせ消えて行くのを感じます。

「いもうとは、のぎくにうずもれて　そらをみあげました。レモネードとクッキーのことがあたまにうかびました。それから、ねえさんがほんをよんでくれるはずだったこと。それから、いつものねえさんのことば。『さあ』だの、『ほら』だの、『こうなさい』だの、『だめよ』だの、……いまは、だれも　いもうとに　はなしかけません。のぎくが　かすかに　かぜにゆれています。みつばちが　ぶうんと　とおりすぎました」〔16 - 17ページ〕

引用の二枚の絵は、いずれも『もしも……』の姉と『ねえさんといもうと』の妹が草むらのなかでひっそりとしゃがみ、自分のなかから新しい自己像を生みだそうとしている瞬間を描いたものです。

『もしも…』の姉の方はいささかもの悲しげに小さく縮こまり、自分が弟などとは無縁の他の生き物だったらどんなにいいかと、つぎつぎにいろいろな動物を想像しています。反対に『ねえさんといもうと』の妹の方は、さわやかな風が吹きわたる野菊のなかで、のびのびと手足を広げ確信にみちた表情で、自律の「とき」を味わっています。この表情の違いは、既存の愛の関係を奪われた者が「自分が我慢しなくてはならない」という認識のもとに悲しさや寂しさの感情におそわれるのと、自らの手で今までの愛の従属関係の終わりを宣言した者との解放感の違いから生じたものでしょう。

いずれの絵本でも、べそをかきながら姉や妹を探しにやってきた弟や姉のために、再び主人公である彼女たちは姉や妹であることを受け入れます。しかし、彼女たちは決して作日までの「姉」や「妹」ではありません。

このようにして家族のなかの関係性は、親子であれ兄弟姉妹であれ、時間の経過と共に異質なものへと変化してゆきます。最初は草むらのなかで閉じこもりじっとその「とき」を過ごした彼女らも、つぎの機会にはどのような場所（空間）と時間を選ぶのでしょうか。

読み手は、草むらのなかでひっそりと物思う二人の姿や表情を眺め、自らのその「とき」を反芻したり想像したりするでしょう。

その他、このタイプの絵本としては、『とおいところへいきたいな』（センダック作／じんぐうてるお訳／冨山房／１９７８）(*Very Far Away*. Maurice Sendak, New York, Harper & Row, 1957.) があります。

［ケース9］蜜柑の木のなかの部屋は避難場所だった（1995年）

小学1年から3年まで続いたと思いますが、わたしの家の近くに蜜柑畑がありました。その蜜柑畑は誰も手入れすることなく、木は枯れて草が木を覆っていました。初めは怖がっていましたが、わたしと隣の家に住んでいた同級生の女の子で入ってみることにしました。入ってみると、そこは草のジュウタンが敷き詰められているように見えました。わたしと友達は、それぞれの部屋を決めることにしました。部屋というのは一本の木に草が覆い被さっている、そのなかのことを意味しました。

ある日、わたしはお母さんに言いつけられたお勉強が嫌で嫌で、そのお城に逃げ込んで隠れていました。誰もいないそのお城のなかは静かで、少し怖い気もしたけれど自分の部屋に入ったとたん「ホッ」と大きなため息が出て、とても安らかな気持ちになったことを今でもはっきりと覚えています。

部屋のなかは誰からも見られていない自分だけの時間が、そこにはありました。どれくらい経ったのかわかりませんが、ひとりそのなかでぶちぶちとお母さんの文句を言って気持ちがはればれとすると、ぬっと部屋から出てお家に帰って行きました。その日以来、お城はただの遊び場ではなくわたしの特別の場所になりました。お母さんに叱られたときや、姉に泣かされたときお城の自分の部屋に入って、「お母さんのバカ」とか「お姉ちゃんのバカ」とか言って、気が済むまで文句を言っていました。

でも、「わたしもたたいちゃったしな」とか「わたしもうそついちゃったしなあ」と、自分のしたことを思い返したりもしました。けれど部屋を出て行くときは「お姉ちゃんが悪いもん」と言って出て行くのでした。自分の部屋を持つことにあんなに執着していたのは、わたしが思うには、わたしは三人姉妹の末っ子だったので一人部屋がありませんでした。いつもお姉ちゃんたちがいて、なにかすると「うるさい」とか「ようちい」（幼稚っぽい）と言われていたので、自分だけの部屋と時間が欲しかったのだと思います。

この遊びによって、わたしは自分の時間をもつことができ、また安らぐということを知ったのだと思います。また、部屋のなかで考えることによって、さっきの出来事を思い返してみるということも身につけていったと思います。自分の心のなかでどっちが悪いかという葛藤をすることで、自分以外の人にも意識をもつことができました。

ため息の音まで記憶にあるというこの記録は、幼い子どもであっても切実に「ひとり」であることを望み、外側からの刺激を断つことで自分の内面の世界にしっかりと向き合う姿勢をもっていることを示しています。

B〈自らがもつ不完全さにこだわり続けて〉

◆『ワニくんのおおきなあし』（みやざきひろかず作・絵／BL出版／1985）

このワニくんは、大きな足のせいで画鋲を踏んづけたり、エレベーターに挟まれたりと、なにかとトラブルに巻き込まれます。

「みずで　あらえば　すこしは　ちぢむかと　おもって　せんたくきで　ジャブ　ジャブ　ジャブ…。
ロープに　ぶらさがって　かわかして　みたけれど　せんたくもののようにはちぢんで　くれない」〔第6見開き〕

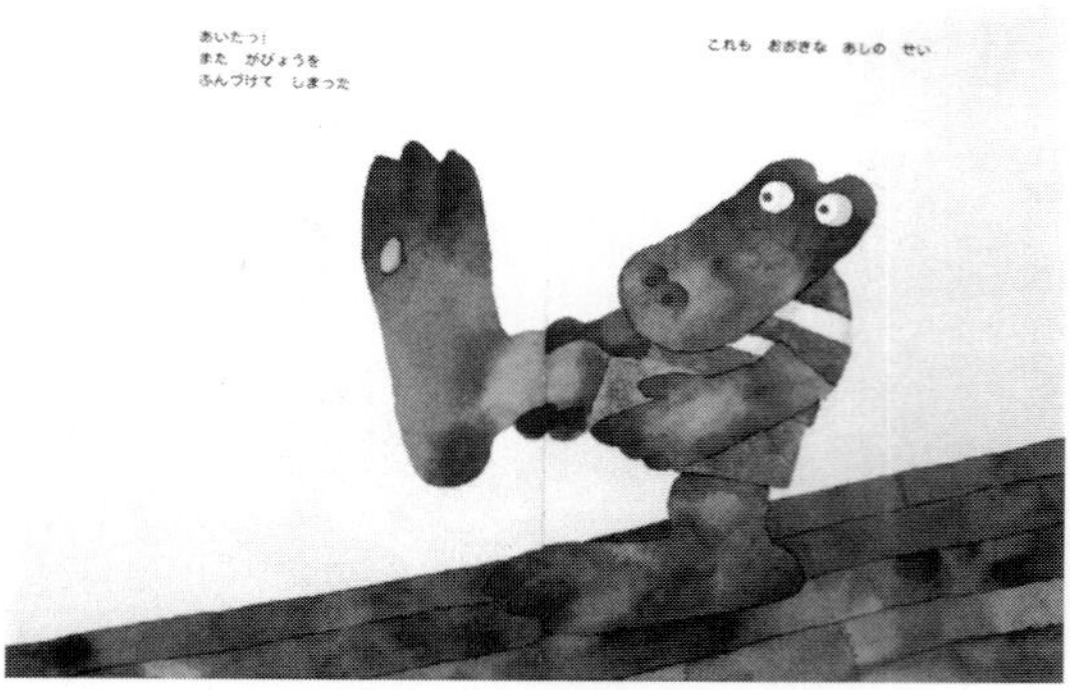
あいたっ！
また　がびょうを
ふんづけて　しまった
これも　おおきな　あしの　せい

〈２〉

『ワニくんのおおきなあし』（みやざきひろかず作・絵／ＢＬ出版／1985.）より

神様にお願いしても、どんな試みをしてもどうにもならない大きな足。そして、現実に動かしがたい事実の前で、新たな「自己」との対話が始まります。

「でも　よくよく　かんがえてみると　あしが　おおきいって　ことは　わるいことばかりでも　ないよなあ」〔第9見開き〕

「おおかぜの　ときには　この　おおきな　あしが　ぼくを　しっかり　ささえてくれるし…」〔第10見開き〕

と、つぎつぎに大きな足の特長が見え始めます。そして、「これからも　よろしく　ぼくの　おおきな　あし」〔第11見開き〕で、新たに生まれた自己像が完成し、折り合いがつきます。

「大きな足」は、現実の子どもたちにとっては不格好な鼻であったり、思うようにならない髪の毛であったり、色の黒さであったりと、枚挙にいとまがないでしょう。

「あなたは、他でもないあなたなんだから」というおとなの説得は、一度このような「自己との対話」を経なければ、なかなか現実のものにはならないようです。

もう一冊は、つぎの絵本です。

◆『ぼくを探しに』（シルヴァスタイン作／倉橋由美子訳／講談社／１９７７）（*The Missing Piece*. Shel Silverstein, New York, Evil Eye Music, 1976.）

「だめな人と　だめでない人のために」〔第1見開き〕という言葉から始まり、「何かが足りない　それでぼくは楽しくない」〔第2見開き〕と、丸い形にはほんの少し欠けたところをもつ「ぼく」がユーモラスに登場し、足りないかけらを探しに出かけます。

「ころがりながら　ぼくは歌う。『ぼくはかけらを探してる　足りないかけらをさがしてる　ラッタッタ　さあ行くぞ　足りないかけらをさがしにね」〔第4見開き〕

「ぼく」は、日照り、雨降り、雪の日なども転げ転げて旅をし、途中花の香りをかいだりカブトムシと遊んだりします。わたしたちの人生のメタファーとも読めるし、文字どおり「自分探し」とも読めます。ある日、ついに自分の欠けたところをぴったりとふさいでくれそうなかけらに出会いますが、その

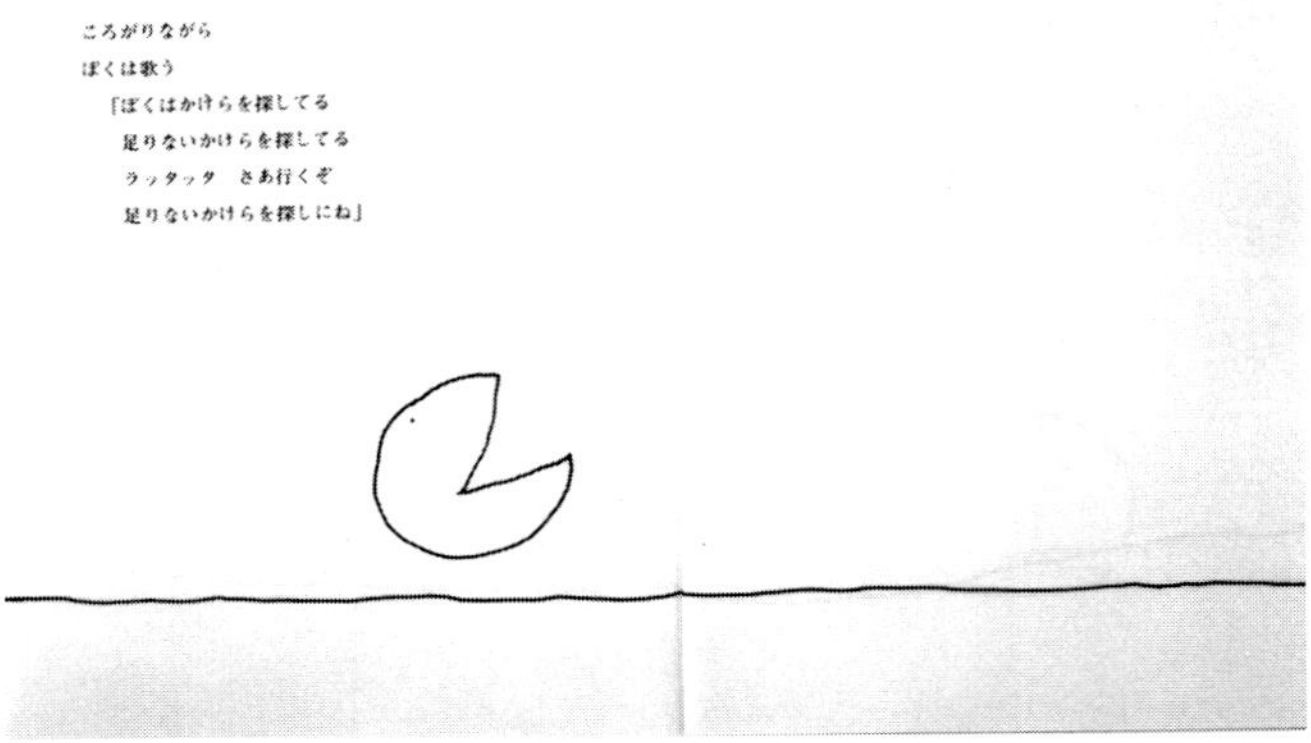
ころがりながら
ぼくは歌う
「ぼくはかけらを探してる
足りないかけらを探してる
ラッタッタ　さあ行くぞ
足りないかけらを探しにね」

〈4〉

『ぼくを探しに』（シルヴァスタイン作／倉橋由美子訳／講談社／1977.）より

かけらは、

「ぼくはきみのかけらじゃないからね　誰のかけらでもないからね　ぼくはぼく　もしぼくが　誰かのかけらだったとしても　きみのだなんておもえない」〔第17見開き〕

自分の立場だけからの相手の意味づけ、勝手な思い込みが見事に逆襲されます。日常的な人間関係——親子・夫婦なども——にもよくある誤算です。

つぎつぎ見つかるかけらも「小さすぎ」「大きすぎ」「尖りすぎ」「角張りすぎ」。最初は、ぴったりとおもったかけらも「しっかりはめておかなかったので」落ちてしまいます。

そして、〔第36見開き〕でやっと「はまったぞ　ぴったりだ　やった！　ばんざい！」となります。しかし、今度はすっかり丸くなり、ずっと速く転がることができるようになり、以前のようにちょっと立ち止まり花の香りをかいだり、蝶と遊ぶこともできなくなります。「なるほど　つまりそういうわけだったのか」ということで、結局かけらをそっと降ろして再び足りないかけらを陽気に探しに出かけます。

なにが「なるほどそういうわけだった」のでしょうか。最初は、理想とする完全なかたちは見事で美しいと感じられますが、やがては時間の経過とともに陳腐で色あせたものに映るのでしょうか。自分自身の不完全さを自覚し理想を追うからこそ、新しい未知の刺激を取り入れることができ、それによって人はその人らしさを獲得できるというのでしょうか。それとも、自在に走り回ることのできる完璧で力強い円は「奢れる者」の象徴であり、一度転がり始めると速く走ることに追われ、そのうちなんのために走るのかさえわからなくなるということなのでしょうか。また、この物語は人生のメタファーとも受け取れます。心身ともに充実した時期を終わり、やがて心身の機能の衰退が始まります。

訳者の倉橋は、この絵本の解説のなかで「何かが『ない』という観念を持ち続けることが生きることのすべてであるような人間は、芸術家であったり駄目な人間であったりして、とにかく特殊な人間に限られる。ところがそんなことを承知の上で、無事に、あるいは苦労して生きてきた人間がある程度年をとったときに気づくのも、じつはこの自分に欠けていたたりない何かである。（中略）それが生まれたときからもっている自分の『死』であるらしいことはそのときに改めて考えてみなければならない」として、それを死の問題と解釈しています。しかし、倉橋は、その解釈もまったくシルヴァスタインの意図とは異なるかもしれないと述べています。

『ワニくんのおおきなあし』では、主人公は大きな足へのこだわりの果てに、やがてはそのことの肯定的側面が見えてくるようになり、より大きな価値観の器のなかでその「欠点」は新しい秩序をもって組み直されます。しかし、『ぼくを探しに』の主人公では出発点が足りないものへの憧憬であり、その足りないものが満たされるとその帰結として再び「足りないもの」が生まれてくるという循環になっています。そのこだわりもワニくんのような深刻さはなく、「ラッタッタ」とかろやかに進みます。こだわる問題の深刻さの違いなのか、それとも気質の違いなのかはわかりませんが、同じような葛藤を内側にもつ読み手にかなり異質な影響を与えることは間違いないでしょう。まさに、人生をどのように解釈するかの違いに結びついてゆきます。

C〈失敗や挫折の連続のなかで〉

失敗や挫折は、さまざまな理由から生じます。能力や努力不足、お人好しやせっかちなど性格的な問題から生じることもあります。そのようにして生じた失敗や挫折を繰り返すことにより、自分という存在の輪郭が明瞭になってきます。子どももおとなもなにかの困難に遭遇したときに、その人のもつ本質が姿を現すものです。

◆『ぼちぼちいこか』（セイラー作／グロスマン絵／いまえよしとも訳／偕成社／1994）（*What can be a Hippopotamus be?* Mike Thaler & Robert Grossman, New York, Parents' Magazine, 1975.）

困難な状況を克服するためには、ユーモアは最高の武器のひとつであることを描いています。確かに、ユーモアの精神は自己形成や対人関係の調整などに大きくかかわるものであり、常識や固定観念にとらわれない柔軟なものの見方がその基盤にあります。ユーモアは、常識とされているものの裏面にあるも

カウボーイは、にあうと　おもい……
おもすぎましたか——。

〈7〉

『ぼちぼちいこか』（セイラー作／グロスマン絵／いまえよしとも訳／偕成社／1994.）より

のを引きずり出したり、自分で自分を笑いとばしたりと、たえず内側に複数の「自己」をもつ精神構造がなければ生まれ得ないものです。

「ぼく、しょうぼうしに　なれるやろか」〔第1見開き〕

さっそうと消火器をもって出かけますが梯子から墜落の絵とともに、「なれへんかったわ」〔第2見開き〕と、さほどがっかりした顔でもありません。「パイロットやったら——と、おもたけどなあ」〔第4見開き〕で飛行機に乗りますが、飛行機が分解して墜落する絵になります。

同様に、バレリーナ、ピアニスト、カウボーイ、サーカスの綱渡り、水泳の飛び込み選手、バスの運転手、宇宙飛行士等々の新たな職業につぎつぎと挑戦するがうまくいかず、

「どないしたら　ええのんやろ。そや。ええこと　おもいつくまで——ここらで　ちょっとひとやすみ」〔第15見開き〕

と、大きな瞳をキョトンとあけて主人公のカバは、ハンモックから読み手を眺めています。

「ま、ぼちぼち　いこか——と　いうことや」〔第16見開き〕でのんびりと終わります。

いずれの職業も子どもたちの憧れであり、この一冊は現実の物語というより半ば子どもの遊びの世界という雰囲気をたたえています。笑いとユーモアで展開しながら、チラリと現実の厳しさをも暗示しています。

今江の訳は、関西弁で深刻さが少しも感じられませんが、失敗を感情で発散せずまた落ち込みもせず、のんびりじんわりと自己に向き合う主人公のキャラクターが、よく伝わってきます。

D〈異質な価値観、異質な文化との出会いをくぐり抜けるなかで〉

なぜか、ここにあげる絵本は、二冊とも主人公はおおかみです。

◆『やっぱりおおかみ』（ささきまき作・絵／福音館書店／1973）

ひとりぼっちの子どものおおかみは、仲間を探して毎日町のなかをうろつきます。

最初ウサギの町に入るが、うさぎたちからは逃げられてしまいます。

「なかまが　ほしいな　でも　うさぎなんか　ごめんだ」〔7ページ〕と、逃げられたため腹立ち紛

〈6 - 7〉

『やっぱりおおかみ』（ささきまき作・絵／福音館書店／1973.）より

れに言います。おおかみの口からはマンガ風の吹き出しがつき「け」と大文字が飛び出しています。この絵本のなかで唯一おおかみが発する言葉は、この「け」だけです。

ひつじの町でも、ぶたの町でも同じように逃げられ、冷ややかに静かに無視され「け」となります。

「もしかして　しかに　なれたら　あそこで
たのしく　あそぶのに」〔14 - 15ページ〕

だが、しかたちが遊ぶ遊園地におおかみが入って行くと、あっという間にしかは逃げだし、楽しそうに回っていたメリーゴーランドも、からっぽになりゴーストタウンのような遊園地になってしまいます。「おれに　にたこは　いないんだ」〔22－23見開き〕と、墓場で座り込み、寝ころんだまま考え込むおおかみの上に、幽霊や黄緑色の人魂が浮かびます。

「やっぱり　おれは　おおかみだもんな　おおかみとして　いきるしかないよ」〔28‐29ページ〕

「そうおもうと　なんだかふしぎに　ゆかいな　きもちに　なってきました」〔30‐31ページ〕

で終わります。

◆『ぼくはおおかみだ』（ブージョン作／末松氷海子訳／文化出版局／１９８５）（*L'apprenti Loup*. Claude Boujon, Paris, L'ecole des loisins, 1985.）

これも、同じように他の動物たちから敬遠される物語展開になっています。いじめというより自分自身の特性を自覚できていないおおかみが、他の動物たちから避けられるという経験を通して、自己を確認してゆく物語といえましょう。

このような葛藤は、子どもであれば初めての集団生活である保育所や幼稚園の経験から始まり、地域社会の仲間関係のなかでもしばしば遭遇します。おとなであればグローバリゼーションの進むなか、異文化・異民族・異言語・異宗教などとの共存・共生の問題とも重なります。人間は今まではこの絵本の主人公のおおかみのように、棲み分け集団を形成してきましたが、これからは異文化の価値観を取り込みつつ、新たに重層的な自己を確立していくことで問題を解決するしかないでしょう。

わたしたちは、あまりにも異質な文化と出会うと、既存の自己との調整が難しく、急激にそれを受け入れようとすると自己が分裂し解体してしまいます。しかし、一方で単調で変化の少ない文化のなかで生活を続けていると、自己はひからび硬直してゆくでしょう。やっぱり「わたしはわたしなのだ」という自己の確立は、たえず異質なものとの交流を前提にしながら、開かれた環境のなかでこそ可能なのでしょう。

異質な文化との接触で引き起こされる衝撃や葛藤は、同質な文化のなかでの葛藤とは当然、問題の種類にもよりますが大きく異なると思われます。深く自我に突き刺さる葛藤は問題が深刻であればあるほど苦しみも深いでしょうが、それが克服される過程は自己が変化する大きなチャンスでもあります。

絵本のイラストレーションの研究者であるシュワルツ夫妻は、絵本についての著作のなかに「ストレスと絵本」という章をもうけ、近年ストレスや不安についての絵本は増えてきており、それらは子どもが人生の現実を知るための方法についてなにか大切なことを知っている作者や画家によって創られている、と述べています。

ストレスとは「忌むべき言葉」ではなく、いつの世にも子ども時代には家族関係・病気・死への不安等固有の緊張や葛藤があり、多くの重要なストレス要因が子どもの人格の成熟には不可避なものであることを忘れるべきではないと言います。愛され世話されること、一番愛してくれる誰かの近くにいること、保護され従属することを強く望む子どもが、また一方で冒険や危険をおかすことを主張し、自律することを望んでいるのです。

穏やかに現れるもの、ドラマティックに出現するもの、またその危機のありようもさまざまですが、これらのストレスを扱った絵本の美的な質や心理的巧妙さは注目に値します。なぜならば、それらは子どもの意識的無意識的思考や感情に対する真実の表情を描いているからでしょう。シュワルツは、イラストレーター、とりわけ文章もイラストレーションも書く絵本作家は、テキストには暗示するだけで優れた象徴的な方法でこれらストレスを受けている子どもたちの無意識のプロセスを表現する、と述べています(7)。

実際、言葉で自分の葛藤や不安を表現できない子どもたち、とりわけ幼児のそれは前述したような絵本のなかではいくつもの優れたイラストレーションによって、その行為や表情が描かれています。絵本が子どもの心理を理解するよきテキストとなりうるのは、文章で表された物語はもちろんのこと、このような絵が表す子どもの表情や仕草のなかにより重要な読みとるべきものがあるからです。

(Ⅲ) 自然が生み出すさまざまなものと静かに語り合うこと、または自然との融合体験を通して自らと対話すること

わずか0歳の乳児であっても、泣いたりむずかったりするとき外へ連れ出すと、静かに泣きやみ、心地よさそうにまた興味深そうに、あたりをうかがうことが知られています。自然界の気持ちのよい空気、豊かな色、かたち、匂い、広々とした空間は、子どもたちに自らの心を開放することの快さを、本能的に教えてくれるのかも知れません。

神谷美恵子は、「自然の声は、社会の声、他人の声よりも、人間の本当の姿について深い啓示をあた

〈8〉

『おじいちゃんにあいに』（ピーターソン文／オットー絵／奥田継夫・木村由利子訳／アリス館／1984.）より

えうる。なぜならば社会は人間が自分の小さい知恵で人工的につくったものであるから、人間が自然からあたえられているもろもろのよいものを歪め、損なっていることが多い。社会を離れて自然にかえるとき、そのときにのみ人間は本来の人間性にかえることができるというルソーのあの主張は、根本的に正しいにちがいない」(8)と、述べています。

A〈自然との融合体験を通して、自らの心の奥にあるものを引き出し自己と対話する〉

このタイプの絵本は、最近とみに増えつつあり、森林浴、散歩、キャンプ等をテーマにしたものも数多くあります。しかし、残念ながらまだ圧倒的に欧米のものが多いのです。

◆**『おじいちゃんにあいに』**（ピーターソン文／オットー絵／奥田継夫・木村由利子訳／アリス館／１９８４）（*Turen Til Morfar.* Hans Peterson

& Sven Otto, Copenhagen, Gyldendalske Borghandel, 1975.)

ある秋の日、冬支度に忙しいお母さんに構ってもらえなくて、少女はひとりで森のむこうに住むおじいちゃんの家を訪ねます。

途中、少女の目に映るさまざまな自然の美しさが、彼女の視覚・聴覚・触覚・嗅覚を通して表現されます。子どもは、多様な感覚を通して複雑な刺激が与えられるために言葉ではまとめられなくても、複雑で快い味わいの経験をします。

「秋のにおいがします。きのこや、おち葉や、こけや、ひんやりしたかおりです。ツグミがかれ葉を、かさこそさせました。《なにしているの？　虫でもさがしているの？　あっ、とんでった！》リナはツグミのとびたったあとをみました。かれ葉の下に、みどりの葉がみえました。アネモネらしく、まんなかにつぼみがあります。春がきたら、青い花をさかせようと、いまから、まちかまえているようです」

〔第4見開き〕

リナは、森の動物を驚かさないように足音をしのばせて歩き、おじいちゃんの好きな黄色い花を探し、ツリガネソウを二本と白い小さい花を三本見つけます。風にシラカバが揺れるのを感じ、真っ赤なナナカマドの実の上にはすみきって吸い込まれそうな青い空が広がっています。

突然の雪。リナが大きな森のなかに舞い降りる牡丹雪をひとり眺める姿が、背後から描いてあります。雪が降り始めると突然騒がしく鳥たちが鳴き、そののち訪れる静寂の時間。シカ、リス、ライチョウとの出会い。少女は、歩きながら来年から通う学校のこと、以前道に迷ったことなどを思い出します。おじいちゃんの家でリナは尋ねます。「一年て、いつおわるかしら？　おじいちゃん」。「おわらないよ、リナ。新年をいわうのは、人間だけだ。草木やいきものには、一年のくぎりは、ないんだ。冬はおやすみのじかんさ」と答えます。

来年から小学生になるリナは、大きな成熟のときを迎えつつあります。しかし、自然には区切りはなくただ循環するだけだとおじいちゃんは言います。子どもたちが自然との対話のなかで得た深く複雑で混沌とした体験は、老人の年月を経た濃縮された経験から生まれたひとつの言葉によって大きく変換を遂げることがあります。現代社会では新しい知識の習得を急ぐあまり、子どもたちがじっくりと複雑な体験を積み重ねることから生まれる思考力や判断力の重要性を、見失っていることが多いのです。したがって体験が意味づけられ解釈される過程で、従来大きな影響力をもっていた祖父母の豊かな感性や深い知恵との出会いの場が少なくなり、省みられなくなっていることは誠に残念です。

◆『ジョセフのにわ』（キーピング文・絵／いのくまようこ訳／らくだ出版／１９７１）(*Joseph's Yard*. Charles Keeping, London, Oxford University Press, 1969.)

これは、ひとりの少年ジョセフのハードな体験を描いたものです。

少年の荒れた庭には、虫も小鳥も猫すら来ません。ある日、庭のがらくたをくずやのおじさんに売り、かわりに一本の薔薇の苗木を手にします。庭の石畳を一枚はがし、そこへ苗木を植えます。

〈14〉

『ジョセフのにわ』（キーピング文・絵／いのくまようこ訳／らくだ出版／1971.）より

「あめが　ふり　たいようが　てりました。そして　なえは　そだっていきました。そのうちちいさいつぼみが　ひとつ　つきました。ジョセフは　つぼみが　はなになるのを　じっとみまもりました」〔第6見開き〕

薔薇の初々しいつぼみに顔をよせにっこりと微笑む少年。

だが、少年はその花があまりにも好きだったので折ってしまうと、花はしぼみ最後はどくろのようなかたちに黒ずみ枯れてしまいます。がっくりと肩を落として打ちひしがれた少年の姿からは、切なさと重苦しさが伝わってきます。また、ひとりぼっちになった少年。

やがて四季がめぐり、再び春が訪れると薔薇は堅い石畳の間から忘れずに芽吹いてきます。また新しいつぼみがつくと、少年は、食い入るような大きな瞳でその赤と黄色が折り混ざった色を見つめます。やがてその薔薇に虫が集まり、その虫に鳥、その鳥を追って猫がやってきます。ジョセフは、それらの侵入者に驚き思わず薔薇の花を守ろうと自分の上着で花を囲ってしまうと、花は再び死に絶えます。

ジョセフには、誰一人花を育てることを教えてくれる人がいなかったようです。沈黙に覆われた長い半年の間、彼は秋の風に吹かれ、冬は雪をかぶり、春の雨に濡れながら薔薇の枯れ枝を眺め見守り続けます。三度の春を迎えずんずん伸び続けた木は、庭いっぱいの薔薇を咲かせます。

「そのうち　うらにわは　はなで　いっぱいになりました。はなのあいだを　むしがとび、えだにはとりが　とまりました。ねこは　はなのかげに　ねそべりました。そして、ジョセフは　しあわせでした」〔第15見開き〕

三年間かかって得られた薔薇の花を通して、少年は数多くの自己との対話を繰り返します。ジョセフは、「幸せ」という人間にとって一番大切な感情を三年間のすべての体験をくぐり抜けて獲得したのです。どこか内向的で不器用な表情の少年が試行錯誤するプロセスが、激しい色彩のアクリル画により描かれています。

わたしは現在進行している破壊から地球を守るために、世界七十数か国から集めた子どもの声を編纂した一冊の本を読んだことがあります。そのなかに、イギリスの６歳児の短い詩とも感嘆ともつかないつぎのような言葉を読み衝撃を受けました(9)。

わたしは、らっぱずいせんが　さいているだけで、しあわせ。

トレーシー＝マローニー（6歳）イギリス

短くはあっても、なんと人間にとって真実をついた言葉でしょうか。この言葉が、充分に生き豊穣な経験を重ねそして再びすべてを捨て去った老人のなかから生まれたものではなく、まだ六年しか人生を生きていない幼児から発せられたものであることを知ったときの驚き。軽いめまいすら覚えました。ヨーロッパの教育の奥の深さを感じる一瞬です。

従来から日本人は、草花を愛でたり自然を詠ったりすることを通して自己と対話することは得意であったと思われます。しかし、教育が学校教育へと比重がかかるにしたがい、学ぶことは与えられることになり自らが自律した思索者となる機会は、多くの子どもから奪われてしまいました。深く感じ、考えることへの信頼を喪失したおとなが子どもから奪った日常生活の豊かな経験のなかでも重要なもののひとつが、自然と向き合い、自然と対話する能力ではなかったでしょうか。

河合隼雄は「自然は子どもに多くを与え、子どもはそれによって多くのことを知る。そこには、いろいろな感情がつきまとうので、子どもはそれによって多くの情緒的体験をすることになる」と述べ、それこそが「自然に学ぶ」ことであり、最近では「不自然に教えられること」(10)が多すぎると言います。

その他、都市化が進むにつれ、子どもと自然との生活が失われていくのを嘆き、作者自身の幼い日に体験した素晴らしい木との生活を、今の子どもたちにも味わって欲しいとの目的で描かれた『木はいいなあ』（ユードリイ作／シーモント絵／さいおんじさちこ訳／偕成社／１９７６）（*A Tree is Nice*. Janis M. Udry & Marc Simont, New York, Harper & Row, 1956.）。水着を着て海岸へひとり出かけるが、折しも降り出した雨のなかで「やさしい　ちいさな」音を聞く少女が主人公の『わたしと雨のふたりだけ』（ライダー作／カリック絵／田中とき子訳／岩崎書店／１９８０）（*A Wet and Sandy* Day. Joanne Ryder & Donald Carric, New York, Harper & Row, 1977.）があります。また未翻訳ですが伝承童謡（nursery rhyme）をもとに生まれた美しい絵本、*I See the Moon and the Moon Sees Me*. Jonathan London & Peter Fiore, London, Viking, 1996.）も素晴らしい一冊です。

Ｂ〈原始・自然体験〉

この分野は前述のＡ〈自然との融合体験を通して、自らの心の奥にあるものを引き出し自己と対話する〉の続きですが、もっと深い原始のリズムをもったままの自然と子どもが触れあうことの意味を問いかける絵本の数々です。

子ども（人間）が、太古からある自然のリズムと融合することの深い心理的意味については、今後の幼児・児童心理学のなかのもっとも重要な課題のひとつだと思われます。

人間と空間の関わりについて研究しているボルノウは、自然のなかでの「さすらいあるき」のもつ意味について触れるなかで、「根源への帰還」「原初の情味ある幸福感への帰還」について述べていますが、このことは、人間が自然と触れ合うことの意味と深く関わりがあるように思われるため、少し引用してみたいと思います。彼は、「それは、人間自身における帰還であり、存在の諸根源、および『万物の根基」への帰還である。その場合、幼児の思い出が必然的によびおこされるとしても、この帰還はそれをこえて、なお技術的な世界征服の『以前』、またそのことのなかで起きた主観と客観との分離の『以前』、あるいは合理性の浸透の『以前』、あるいは職業や技術の世界の『以前』――一言でいえば、まだ自己疎外の前に、あるいは硬直と固着の前に人間がそこで生きているより深い本質層への帰還なのである」(11)と述べています。

この「根源への帰還」は、人間が星空を眺めたり、海の音に耳を澄ますことの意味ともつながっているように思われます。わたしはこのような経験をとりあえず「原始・自然体験」と名づけ、子どもの発達には不可欠なものと考えます。

たとえば、わが国では山田卓三らが、このことのもつ意味を遊びのなかの「ゼロ体験」として取り上げています。「暑さの体験をする」「飢えと渇きの体験をする」「日の出を見る」「日の入りを見る」「星を見る」「風波を見る」「夜の海で音を聞く」「夜の森で音を聞く」等、もっと他にも興味深いケースを多くあげています。山田らは、これらの五感を根源において使う体験を「情感体験」ともよび、認識の基礎や生きる力を培う体験としています(12)。

なにはともあれ、具体的な絵本を見てみましょう。

◆『森と海のであうところ』(ベイカー作・絵/百々佑利子訳/佑学社/1988)(*Where The Horest Meets The Sea.* Jeannie Baker, New York, William Morrow & Company, 1987.)

ひとりの少年がおじいちゃんとふたりで、「ボートでなければいけないところ」「めったに人がいかないところ」であるうっそうと樹木が生い茂る原始林のなかに入ってゆきます。おじいちゃんは「この森は一おく年もまえからあったんだよ」と言います。少年は、ひとり小川づたいに森の奥へと入ってゆきます。

「ぼくは、一おく年まえに　もどったつもりになる」〔12 - 13ページ〕

少年は、大きな木の実から新しい若芽が息吹いてるのを発見します。

「ぼくは、じっとすわっている。――そして、見つめる。――そして、耳をすます。小さな木が、森のてっぺんにあたまをだすまでに、なん年ぐらい　かかるだろう」〔16 - 17ページ〕

木の実から芽吹き育ち始めたばかりの若木を、しゃがみ込むようにして眺める少年。さらに行くと一番上がどこにあるのかわからないほど巨大な古木があり、そのなかにうろを発見します。

「ぼくは、大きなうろのある木を見つける。森にすんでいた子どもたちも、ここで　あそんだのかもしれない」〔18 - 19ページ〕

〈14－15〉

〈16－17〉

『森と海のであうところ』（ベイカー作・絵／百々佑利子訳／佑学社／1988.）より

うろのなかに入った少年は、ここは隠れん坊をするのにぴったりだと思います。熱帯の樹木が生い茂り、鳥の声以外はなにも響かない樹林のなかを一人歩きした少年は、やがて波の音を頼りにおじいちゃんのいる所へと再び帰り始めます。釣ったばかりの魚を焼くおじいちゃんとその魚を食べながら、少年は「ふと　かなしくなる。一日が　あっというまに　すぎてしまったからだ」。少年は、原始林のなかにさまざまなリゾート施設をだぶらせて、ふと考えます。

「だけど、ぼくらがまたきたとき　森は　あるだろうか？」〔28‐29ページ〕

広々とした森は、心を広々と開放させ、つぎつぎに蘇る記憶やふくらむ想像は、少年に過去の自己、未来の自己との対話を促します。深い森は、少年を自らの心の深層へと導き、大昔に住んでいただろう子どもの心に想像をはせたり、地球の未来について憂慮させます。

長い歴史が育んできた自然の森は、子どもたちに「いま」という時間の尺度は、束の間のものに過ぎないことを瞬時のうちに悟らせます。幼い子どもたちにも、今ある自己もやがてつぎに訪れる新しい「自己」により、取って替わられていくことの確信をもたせるでしょう。

このような「原始・自然体験」を描いた絵本では、文字で語られた文章の意味を追いかけてもあまり意味はありません。そうではなく画家が、子どもたちがいままさに体験している「根源への帰還」、「原初の情味ある幸福感への帰還」をどのように意味づけ絵画化しているのかを、子どもたちの表情や行為を通してじっくり読みとることです。

満月の夜、まだ3歳前と思われる幼女を海岸へ散歩に伴い“Remember this time. It's the way life should be”（この時を忘れないでね。こんなふうに暮らさなくちゃね）と話しかける母が登場する絵本があります。

◆*The Big Big Sea*（Martin Waddell & Jennifer Eachus, London, Walker Books, 1994.）

イーチャスのイラストレーションは、満月にうつる砂浜や水面にうつる月の光の道を優雅で神秘的に描いています。月の光は海面に光の道を作り、見ているすべての人へとまっすぐにのびて届きます。

静寂と月の光に包まれた海岸でのふたりだけの世界で、母と子はなにを語り合ったのでしょうか。それとも、すべてを感覚の世界に委ね、ひたすら沈黙の世界が生み出すものと交わることで生まれる「なにか」と対話したのでしょうか。前述の山田はゼロ体験のひとつに「光の道を眺める」を入れていますが、この絵本のなかには美しい光の道が表紙をも含めて三か所に描かれています。山田は、光の道は波の動きでゆらぎ見ている人の心を落ち着かせると言います(13)。大きな海と宇宙を感じさせる静寂な空間のなかで、日常の雑多で人工的に積み重なった澱《おり》のような感覚が、ベールをはがすように一枚ずつはがされていくとき、「ほんとうの自分」が立ち現れてきます。生きる上で本当に大切なものはなにかが、自然に見えてくるはずです。このような抽象的な意味は、幼い子には言葉で伝えることは難しいことですが感じることはできるはずです。そのような経験をもち、それを信じる人が存在するからこそ、このような絵本が幼い子どものために作られ続けてきたのです。「原始・自然体験」は、感じ味わうものであり「言葉で解る」というより、もっと心の奥深くで複雑に発酵し、ときには表層の人工的に作られた理

〈4〉

〈6〉

性を破壊してしまうほどの力をもちます。そのことが確信できる母は、娘を両膝にすっぽりと包みつつ、“It's the way life should be”と静かに語ります。

その経験は、近年「癒し」という言葉で語られることが多いのですが、わたしはもっと生産的で重要な心理作用を引き起こすものだと思います。

人工的な情報過多の時代、子どもたちは有無を言わせずシャワーのようにそれらを浴びて育ちます。それゆえ、核となる「自己」の所在を確認しつつ受け入れるものと消費するものとをたえず分けてゆかねばなりません。そのようなとき「原始・自然体験」は、一時的に外からの刺激を遮断し瞑想の時間を作ることで、自らの意識を内側へ内側へと向け自分が最後まで守り抜かねばならない真実とはなにかを浮かび上がらせる作用をするのでしょう。他にも子どもの「原始・自然体験」を描いた絵本がありますが、ほとんどは海・山・夕焼けもしくは朝焼けの空、キャンプでの満天の星空などが舞台になることが多いものです。いくつかの絵本の絵を中心に取り上げてみます。

庭で見つけた何百年も前のやじりから、インディアンの人々との対話を繰り広げる少女の物語を描いた絵本です。

◆『庭のよびごえ』（シェルダン作／ブライズ絵／角野栄子訳／BL出版／1993）（*The Garden.* Dyan Sheldan & Gary Blythe, London, Hutchinson Children's Books, 1993.）

彼女は、庭に張ったテントのなかで一晩過ごし、おおかみの遠吠えに耳をすましたり、満月や星をながめつつ瞑想のときをもちます。

〈7〉

『庭のよびごえ』(シェルダン作／ブライズ絵／角野栄子訳／ＢＬ出版／1993.)より

〈表紙見返し〉

『ターちゃんとペリカン』（フリーマン作／さいおんじさちこ訳／ほるぷ出版／1979）より

〈11〉

『くじらの歌ごえ』（シェルダン作／ブライズ絵／角野栄子訳／ＢＬ出版／1991.）より

◆『ターちゃんとペリカン』（フリーマン作／さいおんじさちこ訳／ほるぷ出版／１９７９）（*Come Agein Pelican*. Don Freeman, New York, Viking, 1961.）

毎年夏休みになると父母とともに海岸でキャンプをする少年が、満月の海岸でひとりもの思いにふける絵です。彼は、波打ち際にひとり腰掛け太古からのリズムである波音に耳をすします。その横顔には、まるで小さな哲学者のような風貌がただよっています。

◆『くじらの歌ごえ』（シェルダン作／ブライズ絵／角野栄子訳／ＢＬ出版／１９９１）（*The Whales' Song*. Dyan Sheldan & Gary Blythe, London, Hutchinson Children's Books, 1990.）

祖母の「原始・自然体験」が孫へと受け継がれる絵本です。祖母は、くじらに贈り物をするとくじらは歌を聞かせてくれると孫娘に語ります。それを聞いたおじさんのフェデリックは「くじらがうたうだなんて　そんな　夢ものがたりを　このこの頭にいれるんじゃない」と非難します。おじさんは、やはり白髪で祖母と同じくらいの年齢です。

しかし少女は、海岸で黄色い花をくじらのために放った夜、満月の海で多くのくじらが踊るのをひとりじっと見つめる機会をもちます。

くじらの歌声を聴くということは自らの内奥の声を聴くことと信じる祖母は、「もっとやくにたつことをきかせてやってくれ」というおじさんに逆らって、孫娘に語りかけます。この祖母とおじさんの対立は、過去の歴史が創り上げたジェンダーの思想を鋭く指摘しているようで、興味深く感じました。人は、おとなであれ子どもであれ、人工的な環境や複雑な人間関係のなかに巻き込まれれば、巻き込まれるほど循環的に「根源への帰還」を果たさなければ健康な自己の確立は、困難なのかも知れません。

筆者は大学院の講義のおり、この「原始・自然体験」についてディスカッションをしたことがあります。この体験は、内側から「懐かしさ」の感情をわき上がらせ、なにか「現実ではない」感覚をもたらし、「なぜ自分はここにいるのか」「自分とはなんなのか」という問いが湧き出すという発言があり、この言葉には多くの共感がよせられました。そのほかなぜかわからないが「悲しみ」の感情が生じる。「感動」「大きな世界の小さな自分」「はるか遠くの時間に迷い込んだ感じ」「別世界」「凝縮した時間」「わき上がる幸福感」等、「原始・自然体験」は多くの人を「いま」から引き離し、自分のなかのより深くて本質的な部分へと引き込んでいく情緒的体験であることが話し合われました。

欧米の絵本にこのタイプのものが多く見られ、わが国の作家によるものがほとんどないことは、人間の生き方、子どもたちの発達についての思想・観点に大きな違いがあることを示すものであると考えられます。それは知識や情報を自らの体験を通して習得することの重要さもさることながら、子どもたちが体験を通して獲得した複雑な感情をいかに思考活動のなかに繰り込み、考えるということの意味を人間的なものとして成熟させていくのかの問題でしょう。

人が考えるということは、得られた知識を形式的に整理・統合し自らの人生と切り離し対象化することではないでしょう。「原始・自然体験」は、人の心を内面へと向けさせ静かな瞑想のなかで今まで心に引っかかりながらもその解釈が定まらなかったことを再び蘇らせたり、それまでばらばらに浮遊していた問題をひとつの意味づけのもとに結晶させたりすることがあります。

そのような経験は、歴史上の偉人が自己の優れた業績の契機となったアイデアの出現について語るときにもよくあるエピソードです。たとえば、詩人の谷川俊太郎は彼が10歳のときの「自分の感受性の転機」について、作家の大江健三郎につぎのように語っています。

「ある朝起きてみたら非常にきれいな晴れた朝で、そのときにうちの隣の家に、いまはもうないけれども、大きなニセアカシアの木があったんですね。そこからお日さまがきらきら射しているのを見て、それまでに感じていた子どもなりの喜怒哀楽とまったく違った種類の感動をした記憶ってのが、ぼくのなかにはっきりあるんです。(中略) その朝日をとっても美しいと思ったときに、なんか自分のなかにある世界が開けたというふうにいまは見えているのですけれどもね」(14)

このような世界観の質的転機は、それを体験する子ども時代には、はっきりと自覚できることは少なく、おとなになった後年、自己分析の想起のなかで意味づけられたものが多いものです。子ども時代を想起することによる自己分析と発達の関わりについては、第5章で取り上げるつもりですが、いずれにせよ幼児・児童期からの「原始・自然体験」が、このような思考・世界観・価値観の質的転換に大きく影響を与えていることを、前述の絵本作家らはよく知っていると思われます。

わたしは学生たちによる幼児・児童期の回想記録を、前述しましたように約６００ケース程度収集していますが、このような〈自然との融合体験〉や〈原始・自然体験〉にまつわる記録は、なぜかほとんど見あたりません。このような自然のなかでの瞑想に近い体験や、魂を揺さぶられるような感情の高揚感は、幼児・児童期のみならず成人した後も多くの人によって経験されているはずです。しかし、それを絵本作家や画家のように、的確な言葉や絵画によって語る技法が獲得できていないため、漠たる感覚で漂うままに心の奥底に沈んでいるのでしょうか。それゆえ、わたしたちはこのようなタイプの絵本に出会うと、自らの心のなかから過去の体験が突然立ち現れて、なにかとても懐かしい気分におそわれます。

それは長い間眠り続けていた内側にある大切なものが、もう一度体験し直されることで、価値観や人生観の層に新たな質的変化をもたらすのでしょうか。それは、言葉を与えられることでしっかりと再生・定着し、自らの力で呼吸を始めるのでしょうか。

ここでは、お月様ではありませんがお日様と友達になった一学生の物語を聴いてみたいと思います。

［ケース10］お日様はパートナーだった（１９９９年）

よく遊んでいたのは、冒険ごっこです。これも小１から小３の頃です。土地にも恵まれていたため、よく家の裏山に出かけていました。これもひとりでのほうが多かったです。なぜなら、近所に子どもがいなかったからです。しかし、ひとりだけいつも一緒のパートーナーがいました。それは、お日様です。だからこの遊びは、お昼から始めます。子どもの頃のわたしにとってお日様（太陽）は、いつもどんなときにでも歩いても走っても、わたしについてくる不思議な存在でした。その頃のわたしにはそれが特別のように思えて、お日様はわたしにだけついてきてくれるのだと思いこんでいました。しかし、友達がふと「太陽がわたしについてくる」と言ったのを聞いたとき、なんだ、これはみんな一緒なのだとショックを受けました。この遊びが終わったのも、ちょうどその頃だったように思われます。

冒険は、よく山のなかで行いました。わたしが先頭に立ちお日様を連れて、いろんな場所に行きました。まず、坂を登った所で食料を蓄えます。これは、ちょうど、野いちごがたくさんある場所でした。あらかじめ用意しておいたビニール袋に自分とお日様の分を集めます。それを少し過ぎた所に、ため池がありました。そこではよく、想像の世界に入って行きました。まず、大きな石を投げ込みます。それと同時に、わたしが想像した架空の生き物が登場するのです。一番好きなのは、人魚でした。その人魚にわたしはよく相談しました。好きな人のことや学校の出来事等…。相談って言っても、返ってくる答えも自分が考えたものだったんですけど。つぎに、草藪に入って行って花を使って冠や首飾りを作りました。最初にとった野いちごは、歩く内に徐々に無くなってゆきました。（もちろんお日様の分も、あげる振りして自分が食べた）。そうする内にお日様も落ちてきて、夕方になってしまいます。そこで、このちっちゃな冒険は終わりを迎えるのです。今も、とても楽しい記憶として残っています。

この物語の内容は、そのまま絵本にすることができるほどの臨場感があります。実際、第4章で採り上げる絵本『もりのなか』（エッツ文・絵／まさきるりこ訳／福音館書店／１９６３）や同じくエッツの『わたしとあそんで』（よだ・じゅんいち訳／福音館書店／１９６８）（*Play with Me.* Marie Hall Ets, New York, Vaiking Press, 1955.）の世界にもそのままつながります。幼い子どもたちが、おとなの知らないところでこんなにも楽しい世界を創り上げていることに気づかないことは、大きな損失ではないでしょうか。

（Ⅳ）子どもがひとりで過ごす時間

自己と対話すること、つまり自らのなかに「第二の自我」を作ることによる思考の成立過程は、当然のことながら最初は他者——子どもであれば父母などの養育者——との交流により始まります。「微笑の共有」や「シグナルの共有」等いくつもの感性系路を通して、多様な共有関係の成立の後、子どもはさまざまな事象のもつ意味を媒介するおとなの意味づけを通して自らの意味とします。つまり「子ども－人－物（事象）」という三項関係の成立です(15)。このような循環を通して子どもは物事の解釈を始めますが、やがて日常的によく触れあう物の解釈や意味づけは、おとなとのコミュニケーション抜きでも徐々に可能になっていきます。子どもがひとりで過ごす時間のエピソードには、ケース10もそうでしたが、意味の世界へとひとり歩きを始めた子どもの様子がよく描かれています。

Ａ〈眠りの前のひとりの時間〉

幼い子どもにひとり寝の習慣が確立する前のさまざまなエピソードをめぐる絵本は数多くあり、幼児向け絵本の主題としては歴史が古いもののひとつかもしれません。本書ですでに取り上げた絵本のなかにも、このタイプのものはいくつかありました。暗闇への恐怖から、さまざまな「お化け」や「怪獣」が現れたり、眠れないままにぬいぐるみのくまと対話する『あした、がっこうへいくんだよ』などもそうでした。

とばりの降りた夕闇のなかでのひとりの時間に、僅かな物音やあわい光が生み出す定まりのないかたちからさまざまなことを連想し、そこに物語を育む子どもたちがいます。

台所や地下室等から、未だ起きていて仕事をするおとなのたてる、かすかな物音が聞こえてきます。眠れぬままに、その音から一日の体験を思い起こしたりそこから広がる空想や遊びの思い出を反芻する絵本があります。

◆『ほらきこえてくるでしょ』（ジョンソン文／アレクサンダー絵／きしだえりこ訳／偕成社／１９６９）
(*Night Noises*. Verne Johnson & Martha Alexander, New York, Parents' Magazine,1968.)

「こんどの　おとは　なんでしょう。したの　地下室で——バン　バンバン。ちょっと　まって。…ああ　そうだ！　おとうさんが、ビリーの　こわれた　くるまを　なおしているのです。ビリーが　のってて、がたんと　ころんだとき、くるまの　よこが　とれてしまったんです」〔12－13ページ〕

と、すぐに物音の原因を的確に判断します。

ビリーは、ずっと　かんがえてます。
きしゃで　ねむるって、どんな　かんじかしら？
ひとばんじゅう、まくらのしたで、
ガッタン　ゴトゴト　しゃりんのおとが　してるでしょう。
ガッタン　ゴトゴト　ガッタン　ゴトゴト　ガッタン　ゴトゴト……
ほら、ビリーは　もう　ねむっています。
おつきさまは、まどのそばの　きのあいだから　のぞいています。
しずかな　へやのなかを。……ねむっている　ビリーのかおを。

〈38－39〉

『ほらきこえてくるでしょ』（ジョンソン文／アレクサンダー絵／きしだえりこ訳／偕成社／1969.）より

愛犬のスポットの鳴き声からは、お父さんが彼の誕生日にスポットをコートのポケットに入れてもち帰り、プレゼントをしてくれたこと。その子犬のあまりの愛らしさに友達が大笑いしたことなど、過去の記憶からそのときの感情が蘇ります。遠くから響く汽笛の音から「きしゃの　なかで　ねて、あくるあさ、みたこともない　おおきな　まちで　めがさめたら、　どんなに　いいでしょう」と、想いが未来へも飛んでゆきます。

おとなが一日の記憶を日記に記すように、子どもは心のなかだけで同じようにさまざまな自己対話を繰り返し、記憶に留めます。子どもによっては独り寝の怖さや退屈さが大きな課題である一方、このような豊かなひとときの楽しみを習慣として身につけてしまう子どももいるのです。寝物語や絵本の読み聞かせも楽しいが、このようにゆったりとした想像の時間をもつことは、心静かに自己について考える豊穣な経験でもあります。

その他、独り寝の前のひとときを詩情的に描いた絵本、『おやすみなさいおつきさま』（ブラウン作／ハード絵／せたていじ訳／評論社／１９７９）（*Goodnight Moon.* Wise Brown & Clement Hurd, New York, Harper & Row, 1947.）と、『おやすみなさいコッコさん』（片山健作・絵／福音館書店／１９８２）があります。

Ｂ〈ひとりで待つ〉

幼い子どもにとってはたったひとりで留守番をしたり、ある場所である時間をひとりで過ごすことは大きな心理的な負担となることがあります。しかし、その時間は否応なく自分と向き合わざるを得ないことから、今まで知らなかった自分の心に出会う機会ともなります。岩崎ちひろは、このような子どもがひとりで過ごす時間の意味と重要さについて、描き続けている絵本作家です。

◆『あめのひのおるすばん』（岩崎ちひろ絵・文／武市八十雄案／至光社／１９７８）

雨の日の薄暗い部屋で目につくもの、聞こえてくるものに不安を抱く幼女の目に、周囲の景色がどのようにうつるのかが詩情豊かな絵で表現してあります。誰もいない部屋で玩具のピアノをひいたり、指をなめたりしてじっと我慢し耐えます。

「わたしの　おねがい　おまどにかいた」〔第10見開き〕では、可愛がっている子猫の絵や傘をさし

〈表紙〉

『あめのひのおるすばん』（岩崎ちひろ絵・文／武市八十雄案／至光社／1978.）より

ている女の人が曇りガラスに指で描いてあり、おそらくこの人はいま一番早く帰ってきて欲しいお母さんでしょう。また地図のようなものは、お母さんが出かけている道順でしょうか。

お母さんが帰ってきて抱っこされた画面では「あっ　おかあさん　あのね　あのね」と短いテキストがあり、安堵の表情をした幼女の顔が読み手の方を向いて描かれています。

彼女は「だれも　いない　おへや」にいたときの気持ちや窓の外の花菖蒲が雨に打たれて鮮やかに映り、「おはなが　ぬれて　なんだか　ふしぎ」な気持ち、それに突然に電話が鳴ったときの驚きなどを母に伝えたのでしょうか、それともそのまま心のなかに留めたのでしょうか。シュワルツは、この絵本の表紙の絵はこの物語のエッセンスを際だたせるものであり「憂いに沈む少女が二本の指を強くあわせ、不安を持ちこたえている様子を現している。岩崎の絵本のあるものは少しばかり甘すぎるという印象を与えるが、しかしながらこの絵本は完全にこの少女の不安を包み込むベルヴェットのような肌合いをもっている」(16)と述べています。

同じ作家による、つぎの絵本も、長い間留守であった母親が赤ちゃんを伴って帰ってくる日を描いたものです。

◆『**あかちゃんのくるひ**』（岩崎ちひろ絵・文／武市八十雄案／至光社／1982）

やがて赤ちゃんのものになるであろう自分の使った乳母車やベッドを、ぬいぐるみのくまと一緒に眺めたり、「あかちゃんの　ぼうし　ちょっとだけかぶってみよう　あかちゃんの　くるまえに」と帽子の紐の端を口に少し入れてみます。この絵は表紙にも使われていますが、彼女の不安と緊張が口元に紐をキュッとくわえることで少しは和らぐ効果をもつことを現しています。

『あめのひのおるすばん』も『あかちゃんのくるひ』も、いずれも主人公の少女たちが待ちこがれたお母さんは背景として扱われ、その姿は明瞭には描かれていません。作家が、お母さんとの再会をクライマックスにもって行かなかったのは、主人公たちがひとりで待つ時間の「そのとき」を大切にしたかったからでしょう。

C〈自己と対話する習慣の確立〉

◆『**ときにはひとりもいいきぶん**』（ゴーネル作／えくにかおり訳／パルコ出版／1992）(*Sometimes*

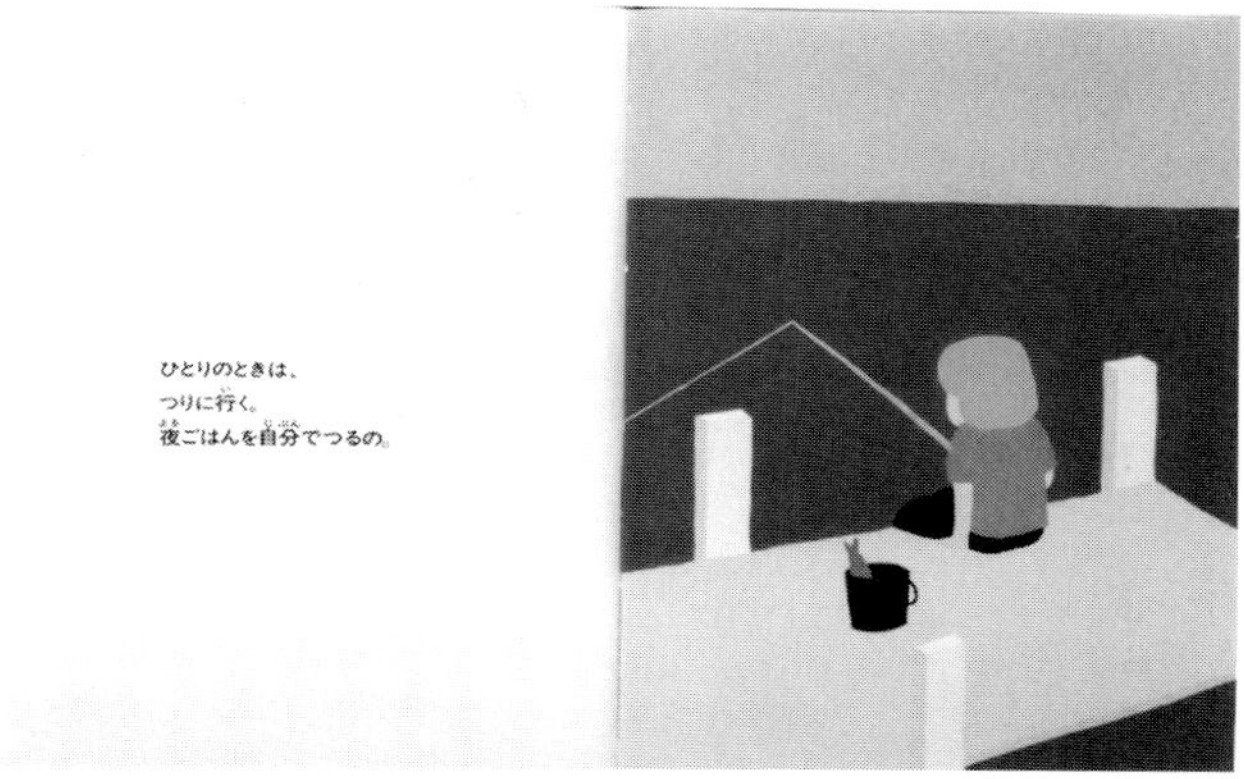

〈７〉

『ときにはひとりもいいきぶん』（ゴーネル作／えくにかおり訳／パルコ出版／1992）より

I Like to Be Alone. Heidi Goennel, Boston, Little Brown & Company, 1989.）

この絵本に出会ったときには、軽い衝撃を受けました。そこには、すでに自己との対話が日常生活のなかで定着しているひとりの少女が描かれていたからです。

「ときにはひとりもいいきぶん。ひとりだって、いろんなことができるもの。ひとりのときは、お気に入りの曲にあわせて踊ってみるの。コーラスラインに入ったつもりで」〔第１見開き〕

「ひとりのときは、大きな絵をかいてみる。ほんとの画家みたいに、ちゃんとイーゼルをたててね」〔第４見開き〕

「ひとりのときは、つりに行く。夜ごはんを自分でつるの」〔第７見開き〕

「ひとりのときは、かんがえごとをするのもいい。なんにもしないのも、すごくいい」〔第14見開き〕

14見開きにわたり、ひとりの少女の「ひとり」が、描かれています。子どもは、たえず元気に動き回り、活発に遊び、なにかに夢中になるもの、という既成の観念をさらりとぬけだしています。

この絵本は、わたしが以前に読んだボールディングの「子どもにもひとりでいる時間は必要だ」という哲学を、体現するような作品です。彼女は、「孤独の中に身をおいて、自分の内側でなにかが起ることをゆるさなければ、人間は、必ずや精神的に行きづまってしまうだろうと、と。子どもでも、おとなでも、たえまなく刺激に身をさらし、外側の世界に反応することに多大のエネルギーを費やしていると、人間は、刺激に溺れ、内面生活や、そこから生じる想像力、あるいは創造性の成長を阻止し、萎縮させることになるだろう、と」(17)と述べています。

これほど、ひとりでいることそのものを正面から描いた作品でなくても、子どもが日常生活のなかで、ふと立ち止まり、自己との対話を試みている様子を描いた絵本は多くあります。

◆『はしって! アレン』(ブラ作/市川里美絵/偕成社/1980)(*Keep Running Allen!* Clyde R. Bulla & Satomi Ichikawa, New York, Thomas Y. Crowell, 1980.)

走り疲れて草むらの上に寝ころび、流れ行く雲を眺める子どもたち。全力で走り抜けた後の動と靜の対比が鮮やかです。

その他、「おしゃべり　したくなると、いつも　かがみに　むかって　きのあう　ともだちに　はなしかけました」と、鏡に向かうお月様を描いた、『つきのぼうや』（オルセン作・絵／やまのうちきよこ訳／福音館書店／１９７５）（*Drensen I Måren*. Ib Spang Olsen, Copenhagen, Gyldendalske Borghandel, 1962.）もあります。

乳幼児期に鏡に映った自分が確認できることと、自己意識の関係の研究があるように、また、思春期の子どもたちの鏡への愛着にもみられるように、鏡は自己との対話を物理的にも可能にする特別な道具であることは間違いないようです。

さて、ゴーネルの『ときにはひとりもいいきぶん』のところで、わたしは「軽い衝撃を受けた」と述べました。しかし、学生たちの記録を見ていきますと、実は、ある子どもにとっては、ひとりでいることはかなり重要な存在の仕方なのだということがわかります。

［ケース11］大好きだった自分だけの空間（１９９７）

僕は、物心ついてから自分だけの空間というものが大好きだった。幼稚園のときもみんなのお遊戯の時間のチャイムが鳴っているのを気づかずに、一人狭い図書館で戸もカーテンも全部閉め本を読むのに夢中になっていた。別に、本を読むのが大好きな子どもであったわけではない。一人の空間にいると、妙に落ち着くのだ。なんかこう、すべてを自分が支配していると言うか、誰にも邪魔されないでいるといった感覚があった。まあ、当時僕は大変ないじめられっ子で、ある特定の男の子にいつも泣かされて、先生に抱きついていたということもあって、一人でいたいという気持ちが強かったのかもしれない。でも、よく考えてみると、今日の僕にもそういう気持ちはかなりあるような気がする。

僕は、小学3年から個室というものを与えられていて、いわゆる「一人の空間」を確保できたわけだ。友達のなかには、ずっと兄弟や姉妹と同じ子ども部屋で生活しているという人がいるが、僕には大変耐え難いことだ。きっとストレスがたまりまくって、今頃は廃人になっていただろう。

こんな僕がよくやっていた遊びは、「家造り」だ。家造りといっても骨組みを自分で作ったりするのではなく、たとえば、押入のなかや部屋の隅等、家のなかにある狭いスペースを利用して自分の家を作っていた。外で作ることは、ほとんど無かった。例外をあげると「屋根の上」である。僕の家には構造上、屋根にへこんだ所があり、そこは人目にもつかず窓から降りやすかった。だから、中高校生のときもよくここで昼寝をしたものだ。僕が作りたかったのはあくまで「家」であり、「基地」ではない。どういうふうに違うのかというと、基地というのは時間的に一時的なものであり、そこで遊ぶのに使うものである。「家」というものは時間的に制限がなくそこで生活するのに使うものである。

したがって僕が作った家のなかに必ず設置していたものは、「布団、ぬいぐるみ、お菓子、ジュース、懐中電灯、ラジカセ、まんが」である。つまり、子どもにとって生活のすべてである「寝・食・遊」がどれも行われるようになっていたのだ。休みの日は一日中、そんな所にいることもよくあった。この遊びを「ごっこ遊び」と呼べるかどうかはわからないが、あえて言うなら「一人暮らしごっこ」であろう。僕はこの頃から、今のような一人暮らしを夢見ていたのだ。

この一人暮らしごっこは、小学校の終わりの方まで続いていたような気がする。止めてしまったのは、決して「子どもっぽくてやってられなくなった」というものではない。体が大きくなったため、押入等でこのごっこ遊びをするには狭く感じるようになったのだ！　これは、たいへん悔しい…。しかし、このごっこ遊びを通して創造する力や日常生活をいかに楽しむか、ということについて深く考えることができた。これは、今の僕にも大変役立っている。

遊びが終わったのは、自分の好きな空間に狭くて体が入らなくなったという理由であり、そこにはなんだか象徴的な意味がありそうで、とても面白く感じました。まるで昆虫の脱皮かやどかりの貝殻の交換のようでもあります。彼は、もっと長い文章を書き、そのなかで下の二人の妹にも同じ様な空間をあつらえてやったとあり、それもとても興味深いことでしたが、ここでは割愛します。

3　この章のおわりに

子どもが自己と対話することを、四分野に分けて考えてきました

第１章の「語りのモデル」において述べたように、子ども（人）の人生は物語にたとえられます。個個の子どもが発達する上で引き起こすさまざまなエピソード的経験は、物語としてすくい上げられ、語りのなかで作家・画家により意味づけられ解釈されます。それらの絵と文による表現内容の普遍性は、その発達現象の意味づけと解釈の合理性が多くの読み手により了解されることによって判断されます。そのような点では、歴史的にも長く読みつがれ多くの読者をもった絵本は、そのことによってその解釈

の合理性が証明されたことになるでしょう。

鳥越信もそのことの意味を「古典」という視点から、つぎのように述べます。

「古典は、国境を越えて、読者自身が残してきたものである。その生命の長さに、魅力の秘密がかくされていることはまちがいない。（中略）この絵本が古典として残ったのはなぜか、と考えることと、絵本とは何かの命題は常に同義であり、表裏一体のテーマといえる」(18)

もちろん古典として残る要因のなかには、絵と言葉の語りの巧みさ、テーマの面白さなどさまざまな条件もあるでしょうが、わたしは多くの場合その物語のなかの「子ども」の解釈が、時代を超えた普遍性をもっていることが根底にあると考えます。

また、第1章で触れたウィダーショヴンの述べる「解釈学」（**Hermeneutik**）の観点から、三島憲一はこのことをつぎのように表現しています。

「解釈学の課題は、過去の作品を生み出した人間の生の生産性に、その創造力と想像力に参入することである。それによって、われわれの生は自己の可能性を自覚し普遍性に少しでも高まる」(19)

本章で作家・画家がとりあげたエピソード的経験の中核となっていたのは、主として幼児期の基本的生活習慣の確立にまつわるおとな（しつけ）との葛藤、兄弟・姉妹、友達などの人間関係の複雑化にともなう対人関係の調整、形成され始めた現在の自己とこうあって欲しい自己との間で生じる落差の問題、「自己内対話の回路」（浜田）が発達するとともに考えることの自律が始まることなどでした。なかでもわたしがとりわけ注目するのは、絵本作家が取り上げる子どもの思考の成熟のプロセスを、「原始・自然体験」との関わりで描いたものです。

あまりにも過剰な人工的刺激のなかで生きるわたしたちは、持ちきれないほどの情報と知識を手にしながらも、それを組み合わせ自己という価値体系の軸にどのように組み込み深めるのかという、もっとも大切な問題については忘れかけているように思われます。子ども時代の自然との詩的共感についての著書を著したコッブは、こう述べています。

「子供がもつ自然とつながっているというエコロジカルな感覚は、一般に神秘的な経験として知られているものと異なっている。それは、基本的に審美的であり、また、知りそして生きるという力に内在する慶びで満たされたものであると、わたしは信じている」(20)

また、このコッブの著書を翻訳した黒坂三和子もその解説のなかで、子ども時代に経験する自然との詩的交流から生まれる洞察力および宇宙感覚のなかにこそ、現代の工業化の行き過ぎた環境や、教育や、言語が破壊した自然と人間の美的統一感覚を回復させる条件があると述べています(21)。

「原始・自然体験」が子どものなかになにを育むのかについて、画家たちは感動的な自然の美しさおよびそれと対話する子どもたちの心や表情の動きを詳細に描いています。

今までの幼児・児童心理学の方法論のなかで必ずしも豊かではなかった、子どもたちの心の内面を深く解釈する方法の確立は、前述のような優れたセンスをもつ絵本作家・画家の語りや描写を取り入れつつ、発達理論の新しい創出を目指すことで可能にはならないでしょうか。わたしが絵本心理学と名づけるものの実体のひとつは、そこにあるのです。

第4章　絵本は子どもの空想遊びをどのように描いているか

だが、成功するファンタジーは、すべて「生きている事実に根ざしたものでなければなりません」
モーリス・センダック『センダックの世界』より

1　絵本とファンタジー

この章のタイトルが、わたしのなかで最初に研究テーマとして芽生えたのは、まぎれもなくセンダックの『かいじゅうたちのいるところ』との出会いでした。この子どもの空想遊びを描いて類いまれなる一冊の絵本は、子どもの空想遊びの動機がしばしば孤独・不安・不満などの感情から誘発されるものであること、おとなの介入を許さない閉じられた空間が必要であること、遊びの世界を創るために、身の回りにあり日常生活のなかでよく馴染んだ家具やものを、自由自在な「変換」（transformation）により必要なモノに見立てたり、自分だけの世界を創るために別人になったり、またその世界のなかである状況を「実在」させるためにさまざまな「ふりをする」（pretend, make-believe）ことなどが、子ども自身のイメージのままに、まさに目に見えるように「事実に根ざして」描かれていたからでした。この「ふり」という心理学用語は、いわゆる「ふり遊び」(pretend play, make-believe play) のもとになる行為で、従来一般的には「ごっこ遊び」という呼び名で親しまれていますが、子どもたちがある役割をになったり、まるでそのもののように振る舞うことなどで知られています。

そこでわたしは、このような子どもの空想遊び (imaginary activities, imaginary play) の世界が描かれている絵本のなかでも、とくに、(1) 遊び空間 (場所) の所在、(2) 空想遊びへの入り口と出口、(3) 変換 (見立て) の方法、(4)「ふり」の成立条件等の要因が明確に描かれているものを採り上げて、(A) その空想がどのような事実に根ざして描かれているか、(B) 外側からは見ることのできないイメージの世界は、どのように描かれているかを丹念に分析してみました。そして、空想遊びが子どもの成長・発達になにをもたらすかについて、心理学的に考えてみます。

2　絵本という形式 (メディア) が作家に想起させるもの

わたしが絵本を通して子どもの空想遊びのみならず、そこに描かれている子どもの心理の特徴や視点を、現実の子どもの心理分析の方法として取り入れ考察し始めたのは、それらの作品が作家・画家の子ども時代の体験に深く根を下ろしていることに気づいたからです。しかし、その試みを始めるやいなや絶えず投げかけられた疑問は、大きく分けてつぎのようなものでした。

（1）それは成人である作家の子ども時代の記憶にもとづくものであるため、すでに変容しており、当時そのままの事実ではないのではないか。

（2）もし、仮にそれが「事実」であったとしても、成人である作家の論理により再構成されたものであり、やはり言語的な処理がなされる以前の子どもの論理は失われているのではないか。

まず、第一の疑問ですが、最近の生理学の進歩によって、人間の記憶はコンピュータに記録・保存されるような「固定された痕跡」とは大いに異なって、想起（remembering）とよばれる構築または再構築の過程である、ということがだんだんわかってきています。ローゼンフィールドはそのことを、つぎのように述べています。

「想起とは、想像的な再構築である。過去の反応や経験を全部ひっくるめた総体に対して私たちがとっている態度とイメージや言葉というかたちで普通に出現する具体的な事柄との関係から生み出されたものである」(1)

つまり、成人であれ幼児であれ、記憶というものは過去に体験されたことの事実経過や感情をも含めて、「そのまま」（隠した石ころをそのまま取り出すように）再現されるものではないことを指摘しています。

人は幼児であっても、自分の過去の経験を自身の利害や価値観を含んだ「現在のわたし」から思い起こすものです。したがって、想起というものは過去の諸体験のなかからあるエピソードを選択し構成することであり、そのことはとりもなおさず、「現在のわたし」のもつ価値観や態度の反映であると言うのです。

さて、人が幼児期の経験や出来事を想起し記述しようとする場合、その人の主観によってそこで生じたエピソードの内容や意味づけが決められるということはとりあえず了解できます。しかし、つぎに疑問が生じるのは、絵本という絵と言葉を結合させて行われる表現や記述の形式の問題です。前述のローゼンフィールドも述べているように、想起は、「イメージや言葉というかたちで普通に出現する具体的な事柄との関係」で決まるとするならば、その表現形式は、そのなかに含まれようとする内容の選択に大きな影響を与えると考えられるからです。

港千尋は、そのことを「記憶と歴史」の観点からつぎのように述べていますが、それは個人の記憶の歴史についてもそのまま適用できると思われるので引用してみます。

「記憶術にせよ歴史記述にせよ、記憶の歴史が示しているのは、形式が内容に影響を与えるという事実である。つまり、記憶の形式に変化が生じると、記憶される内容にも必然的に変化が起きる」(2)

わたしには、この記録や記憶の形式が想起の内容に強く影響を与えるという視点は、絵本というものの存在や本質を考える上で大変重要であると考えます。絵本は、子どものためだけのものではないと言われて久しいのですが、絵本が「絵で語る」という特徴を生かして、思考が言葉によって未だ支配されない幼い子どもの心を描き続けてきたことは歴史的事実ですし、現在もそのことは絵本がもつ本質のひとつでしょう。そのことを裏返して言うならば、作家や画家が絵と言葉という形式を使って本を作ろうとし、しかも対象とされる読者が幼い子どもであると想定されるならば、必然的にテーマとして想起されてくるのは彼女（彼）らの幼年時代であり、とりわけそのなかでも印象深いエピソードではないでしょうか。

それらの数々の想起されたエピソードは、それが優れた芸術的資質をもつ画家の手になると、言語で表現することは難しい幼い子どもの非論理（論理）や感情の世界を、ありのままに近い形で絵にすることができます。テキストを生み出す作家も、現在という視点から子ども時代を回想しつつも、子ども時代の生きられた時間をそのままのリズムで読者の前に見せてくれます。これら優れた絵本作家にとっては、幼年時代は今も成人である表層と普段に流れる水脈によって循環しており、それは現在一般的に広く信じられている発達の概念とは異なる成熟観にもとづいています。

つまり、現在一般的に了解されている発達観は、乳児期から幼児期、そして児童期・青年期というように、ある段階からつぎの段階へという垂直な上昇で示されることが多いものです。それゆえ、知能指数の思想に見られるように、ある平均値的発達像（発達診断テスト等が適用されることが多いのですが）を中心にして、「発達が進んでいるとか、遅れている」というように考えられています。そのような考え方に従えば、発達は、「今、ここ」にあり、表層的に測定できる「能力」に中心が置かれることが多く、過去に生きられ、なおかつ現在も内側で生き続けているさまざまな能力の存在についての意味が問われることは、あまりありません。

たとえば、絵本を描くことは、「わが子どもおよび子ども時代」が未だに自分のなかに息づいているからだと述べる作家や画家は多く、その具体的事例はすでに第1章の「4　作家のなかの『子ども』」のところで述べましたので、ここではこれ以上は触れません。

しかし、わたしが第1章において事例としてあげた画家・作家の作品は、子どもたちの葛藤を内に含んだものであっても、すべてある意味では幸せの光を帯びて現実に生きられた子どもの時間と空間を描いたものでした。しかし、逆に生きることが許されなかった「子ども時代」が、作家に強く「喪われた子ども」を描くことを促すこともあります。

絵本作家のヘダーウィックは、子どもの頃、母に抱きしめられた記憶がなく、しばしば神経の病を患っていた父も彼女が13歳のときに亡くなり愛情に飢えていたと述べています。そして、「そのことが、あるいは私が子どもの本の作家・画家になった理由であり、——おそらくわたしが喪われた子ども時代をいまだに探し続けている理由かもしれない」(3)と告白しています。

谷川俊太郎も「人間がとしをとっていく、大人になっていく、あるいは成熟していくってことは結局そういうふうに自分のなかの一時は抑圧していた子どもを解放してね、自分のなかの子どもの部分というのをはっきり認識していく過程だ」(4)と述べています。この問題は、もう一つのテーマを生み出すほど大きな意味をもつものですが、やはりここではこれ以上は触れません。

3　「絵本データベース」から「空想遊び」を描いた絵本を選ぶ

基本的な書誌情報はもちろんのこと、６個の大主題（subject heading）とそれに連なる２８０の主題（subject）をもとに分析・入力された「子どもの心を理解するための絵本データベース」を現在構築中であることは、すでに述べました。

この章で取り上げる「空想遊び」を描いた絵本は、大主題「友達・遊び」のなかから文字どおり「空想遊び」の主題を単独検索したものから選択しました。その結果、２７２冊（１９９９年９月現在）の絵本が抽出されました。そのうち未翻訳英語版絵本は、18冊でした。

大主題「友達・遊び」のなかには、ご覧になってわかるようによく似たものとして「ごっこ遊び」と「空想遊び」の主題があります。いずれも深く関連する概念で、その具体的内容はとても入り組んでいて単純には分けきれないものがあります。

今回の「絵本データベース」では、「ごっこ遊び」の主題のなかに含むものを、おとなの生活を模倣したり、ごく普段の生活を回想したような日常性の強いものにし、「空想遊び」のなかには想像遊びやごっこ遊びのなかでも、日常から離れた空想性の強いものを入れました。しかし、実際の絵本を前にしていざ主題をとろうとすると、なかなか割りきれないものも多くあり、なかには「空想遊び」と「ごっこ遊び」の両方で取らざるをえないものもかなり存在していたことをお断りしておきます。

また、「空想遊び」の絵本といっても、あるものはほんの少ししか空想遊びについて触れておらず、またある絵本群は、テキストでは空想遊びについて物語っていますが、絵は遊ぶ子どもの姿が外側から描いてあるのみで、まさに子どもたちがそのなかにいるはずの空想の意味世界はまったく描かれていません。それらの絵本は、眺めていて微笑ましくはあるのですが、今回の分析対象からは除外せざるをえませんでした。このようにして、「はじめに」のところで述べたように、(1) 遊び空間(場所)の所在、(2) 空想遊びへの入り口と出口、(3) 変換(見立て)の方法、(4)「ふり」の成立条件などの四つの要因をおおむね満たしたものを選択すると、結局272冊の絵本のうち、分析対象として残された絵本は約30冊あまりになってしまいました。

またこの本のはじめにも述べましたように、わたしは研究をするにあたって従来よく行われている数値にもとづいた研究の手法はとりませんでした。なぜならば、そこで得られる統計的な処理の産物は、実在する子どもの遊びの複雑性を捨象してしまうからです。つまり、遊ぶ子どもの個性はおろかどのような遊びが、どのような場所で、どのようなことを動機に、どのようなものや状況を巧みに見立て、どのように展開するのかという一連の「遊ぶという行為」の本質を、複雑な多義性をもったままに掴《つか》むことができないからです。ですから、最終的には前述の四要因がほぼ網羅されている絵本のなかから代表的な数冊を対象に、試論的な分析を行うことにします。また、この章でも学生たちの回想記録のなかから何編かを引用して、彼女(彼)らが子ども時代の遊びのなかにどのような意味づけを行っているかを、参考にしたいと思います。

4　「空想遊び」絵本は、外から見えない子どもの心をどのように描いているか

（１）変換（見立て）と「ふり」の成立条件

本来なら、センダックの『かいじゅうたちのいるところ』を最初に詳しく取り上げるべきでしょうが、この絵本に関しては、わたし自身その巧みな絵によるメタファーのアイデアの秀逸さについて、すでに他のところで述べていますし(5)(6)、他の研究者によっても触れられていますので(7)(8)、ここでは主人公の少年の空想遊びにおける変換と「ふり」にだけ焦点をしぼって触れたいと思います。

◆『かいじゅうたちのいるところ』（センダック作／じんぐうてるお訳／冨山房／１９７５）（*Where The Wild Things Are.* Maurice Sendak, New York, Harper & Row, 1963.）

主人公の少年マックスは、いたずらの大暴れをしてお母さんに晩御飯抜きで寝室に放り込まれてしまいます。そこから始まるマックスの想像の世界は、作者センダックの計算し尽くした空間構成と、マックスの創り上げた空想遊びの根拠等も明瞭に示されていて、完璧に近い作品となっています。

〈4〉

〈5〉

『かいじゅうたちのいるところ』(センダック作／じんぐうてるお訳／冨山房／1975.）より

最初の二場面では、その後展開するマックスの怪獣遊びのなかで使用される、空想上の小道具等の根拠が、しっかりと示されています。第４・５見開きでは、マックスの部屋のなかにあるテーブル、ベッド、ドア、絨毯等が、どのように森の茂み、船、樹木、草地に変身していくのかが、溶けるような筆致で巧みに描かれています。マックスは、空想遊びを通して、閉じこめられた自分の部屋から巧みに脱出していくのです。

ドアやベッドの縁が木の幹に変身し、窓際に置いてあるテーブルと花瓶は同じかたちの茂みへと見事に変換させられてゆきます。絨毯や天井はどうでしょうか。以下、ページをめくるたびに、マックスの空想遊びの努力の跡が見られます。アニメーションならば変身・変化は自在ですが、二次元の絵の世界でここまで描くことは、よほど子どもの内面世界を知る画家でないかぎりできるものではありません。

このように子どもたちは、自分の部屋のみならずさまざまな空間をジャングルや密林等、架空の生き物の住む場所へと変換させ、空想のおもむくまま自由自在に遊びます。ただし、「自由自在」といっても、そのために子どもたちが大変な努力とエネルギーを費やすことには、注目すべきでしょう。第４見開きのマックスの真剣な顔を見れば、そのことがよくわかります。

学生たちの回想記録のなかには、このような怪獣ごっこや冒険遊びのケースは本当にたくさんありました。代表的なものを、ひとつだけ引用します。

［ケース12］わたしの家の裏庭はジャングルだった（１９９４年）

わたしの家の裏庭はジャングルであった。大きな木や熱帯植物があるからだろう。とても狭いのに、幼児期にはとても大きな密林に見えた。冒険だといって、おそるおそる踏み込んだ。フキ（植物）が、まるで大きなハスのように見えて、ジャングルの沼地を歩いている気分で押し合いへし合い進んだ。スズメの声も木が生い茂って暗いため不気味に響いて「お化けが出るぞ！」と、走った。そして、大きな石（飾り石に苔が生えたようなもの）を昔ジャングルで遭難した人の墓に見立て手を合わせて、自分たちも無事帰れるだろうかとぶつぶつ言いながら、ジャングルを進んだ。（考えてみるとおかしな話だ。10メートル四方ぐらいの庭で遭難するはずもないし、実のところ、自分の家の庭だったのだから）。ジャングルを抜けると裏道に出る。裏道に出るには溝を挟んでいて、通れるように溝の上をコンクリートで渡してある（大人が二人ぐらい並んで通れる幅）のだが、丸太を渡っているつもりで「おちるなよ！」と、言っていた。裏道は広く明るく、田圃を大草原に見立てた。

「ジャングルをぬけたぞ」と喜びながら、つぎは洞窟だ。トンネルを洞窟に見立てて進んで行った。トンネルと言うより鉄橋という方が正しいが、そのなかは声が共鳴する。いつの間にやら洞窟が悪魔の屋敷に変わって、自分たちの声のエコーが悪魔の笑い声になった。そのとたんトンネルの壁のシミが悪魔の手に変わって、天井から滴る水滴が悪魔の涎《よだれ》になって、皆で「食べられるぞ！」と逃げて帰った。

まだ、幼稚園の頃だっただろう。大体2～5人ぐらいだった。この時期は危険や恐怖ごっこが多かったと思う。人家の地下の用水を探検したり、いろいろな場所を皆で回った。当時は、地域や近所がすべての世界で、かぎりなく大きかった。そして、その空想世界で自分を大人だと見立てて、なにかを見つけだそうとしていたのだ。大きな石を遭難者の墓に見立てたりするなどは、その年齢から思いつくことだとは思えない。死ぬということもかなり自覚があって、死への恐怖や不安をもっていたことを物語っていると思う。このジャングルゲームは、ある意味で自分が生きようとする意思の表明から始まったのかもしれない。

まだまだ続く冒険ですが、子どもたちがあえて危険や恐怖の場面を創り上げて遊び続けることの意図は、どこにあるのでしょうか。この女子学生は「自分で強く生きることを自覚し始めたから、サバイバルゲームのようなことをしたのだろう」と、その発達的意味づけを行っています。

さて、センダックのマックスは、自分のベッドを怪獣の島へと渡る船にしましたが、ある学生は自分のベッドを怪物に変換しています。

［ケース13］わたしのベッドは怪物だった（1996年）

わたしの部屋にはベッドがあったので、そのベッドを怪物に見立て、オモチャの刀で闘った。今思えば動かないベッドとどう闘っていたのか疑問に思うが、多分、布団やタオルケットもしくは毛布を怪物の手や舌に見立てて、布団を抱いて暴れ回っていたのだと思う。最後には怪物に飲み込まれたという見立てで、ベッドの上に乗り怪物の腹のなかに刀を突き立て、怪物を倒すのである。ここら辺は、一寸法師の鬼が腹のなかに入って、そこに針の剣を突き立てて懲らしめる、というところにヒントを得ているのかもしれない。

そして、怪物を倒したわたしは怪物が隠していた宝箱——これはベッドの下に置いてあるただの箱。あらかじめ、妹の持っていたオモチャのアクセサリーや光り物を入れておくと、それが宝物になる——を得るのである。他の部屋は、それぞれ湖の洞窟やら妖精の住んでいる所やらになっていた。

この遊びは、わたしの体がデカクなって廊下や各部屋が小さく見えるようになった頃まで続いた。小学校4、5年くらいだろうか。そのなかで、わたしがもっとも発達したのが、ストーリーを作る能力であったと思う。最初はただの崖登りが、洞窟を作り、怪物を作り、そしてその世界、つまり崖の所に行くようになった経緯までを考えるようになり、怪物の倒し方や出会う妖精の言葉等、細かいところまで決めていた。

それこそインディージョーンズの映画や冒険ファンタジーもののアニメ等に刺激を受けながら、ストーリーを作る能力が一体なんに役立つのかと言われれば答えに詰まるが、それでも自分の想像の世界が広がり、ファンタジー世界を作り出した過程は決してムダだとは思わない。

この学生は、自分の家にはファミコンはなかったとわざわざ付け加えています。

◆『大あらし』(ウィーズナー作/江國香織訳/BL出版/1995)(*Hurricane.* David Wiesner, New York, Clarion Books, 1990.)

原著のアメリカ版の表紙カバーの折返しには、この作品が作家の幼い頃のハリケーンと倒れた大きな木の思い出に由来するものであり、「つかの間ではあったが、ウィーズナー家の子どもたちにとっては楽しさのよりどころだった」と付記されています。しかし、日本語版からは残念ながらこの大切なメッセージは除かれています。ちなみに、主人公兄弟の弟の名前はディヴィッドであり、おそらくは幼い頃の作家本人であると考えられますが、このメッセージが削除された日本語版を読む読者にはわかりにく

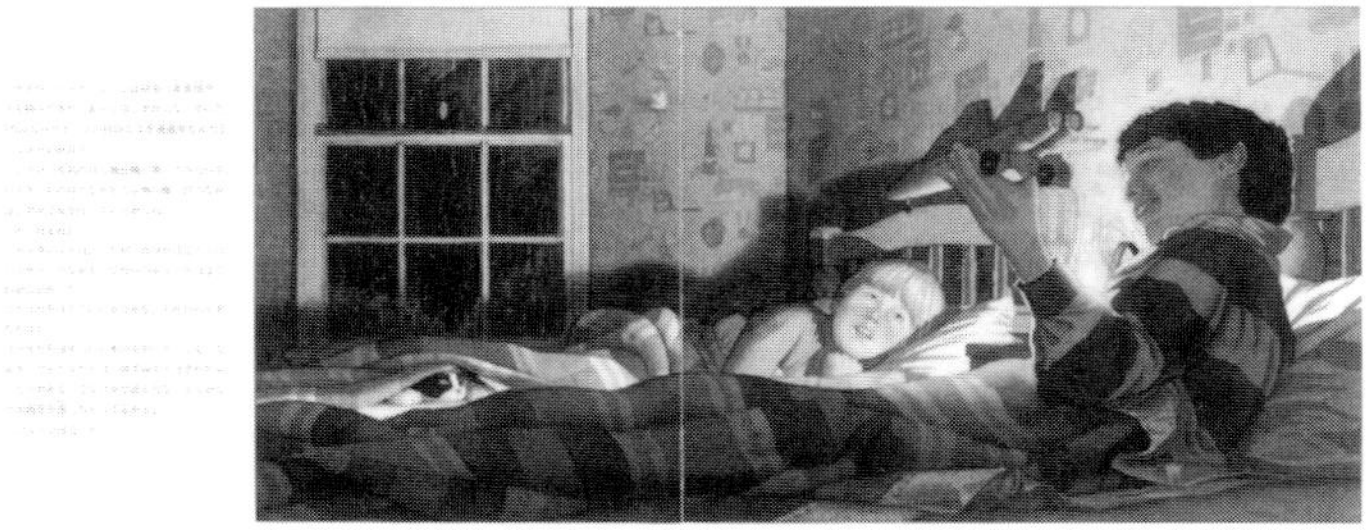

〈5〉

『**大あらし**』（ウィーズナー作／江國香織訳／ＢＬ出版／1995.）より

いものです。

ストーリーは、ハリケーンが来るとの予報のもと両親は食料の買いだめに行き、夜にはついに停電になってしまいます。その間、兄弟はハリケーンの速度等さまざまなことを話し合いますが、とくに小学校中学年とおぼしき兄のジョージは「とりたちは何千kmもとばされちゃうことがあるって何かでよんだな」等、かなり科学的知識が豊富であることをうかがわせます。このような会話が交わされたのは、非常用ランプに照らされた兄弟の寝室であり、兄は左手にロケットエンジンを搭載している飛行機の模型を弟にかざしてなにやら説明をしている様子です。そして、背後の寝室の壁紙の模様には翌日から始まるごっこ遊びのヒントとなる象・帆船・宇宙ロケット等の興味深いものがびっしりと描かれ、ほの暗いランプの光のもとに映し出されています〔第５見開き〕。

さて、翌朝、兄弟は庭のすみにあった２本の楡の木の一本が「ねむれる巨人」のように倒れているのを発見します。この庭という空間のなかに横たわる大樹は、弟のディヴィッドの「あの大きな枝をみてよ！　まるでジャングルだよ。ね、サファリごっこしようよ。サファリごっこ用のジャングルがあるなんてはじめてだもん」という言葉と共に空想遊びの世界へと入り始めます〔第7見開き〕。その日の午前中二人は、「獰猛な豹がしのびよる場所まで」ジャングルの奥深く探検します。

最初のサファリごっこの画面では、まだ空想と現実の世界は半々に入り混じっています。サファリの象のイメージの根拠は、寝室の壁紙の絵から来ており、豹が寝そべる大きな木の枝には木漏れ日がまるで豹の斑点のように揺らめいて描かれているところから、おそらくはここから豹のイメージが持ち込まれたと思われます。

兄弟は、銃と思われる棒を持つのみですが倒れた大木の陰にいる飼い猫のハンニバルは、豹に見立てられているように思われます。ハンニバルは、その後もずっとこの兄弟の空想遊びの同行者として連れ添われます。このような空想遊びの同行者は、ペットやお気に入りのぬいぐるみであることが多く、空想世界を分け合う貴重な存在です。初日の朝、空想遊びはまだ半熟のままであることが、絵を通してよく伝わってきます。

さて、その日の午後（兄弟の服が違っているので、もしくは翌日の午後）は、「ふたりは7つの海を航海」します。第9見開きは、兄弟たちの空想の世界がより充実し始めたことを示唆しています。弟はラップの芯と思われるものを双眼鏡に見立てて海賊船を追い、木の棒にくくりつけられた大型の白布は風で大きく膨らみ、帆船の帆となっています。木は堂々たる帆船としてイメージされていますが、これも寝室の壁紙からヒントが得られたものでしょう。怪物のような大蛸が帆船を襲おうとしている一方で、まだ若干の木の葉が空想の世界のなかに入れきれずに残されています。テキストは「午後、ふたりは7

〈9〉

〈10〉

『大あらし』（ウィーズナー作／江國香織訳／ＢＬ出版／1995.）より

つの海を航海した。ジョージがかじをとり、ディヴィッドは水平線のかなたに海賊船をさがして」とあります。

第10見開きは、「次の日とその次の日はずっと、はるかな星ぼしをさすらった」となっています。初日の空想遊びから数日は過ぎていると思われますが、大樹はほんの一部を除いて完璧な宇宙ロケットとしてイメージされ、それは絵によるメタファーにより巧みに描かれています。このロケットは、嵐の夜、兄が弟に見せてなにやら説明をしていた飛行機と同じ模様に描かれており、おそらくこの「宇宙ごっこ」は宇宙について興味のある兄のリードのもとに展開されていると思われます。昨日まで帆船の帆として使われていた白布は、旗になり、今宇宙についたばかりのロケットから一歩を踏み出した兄弟の手にしっかりと握られています。兄弟の遙かなる宇宙を見渡す顔の表情は、すがすがしさと喜びに満ちています。

そして一転、つぎのページでは現実にもどり、兄弟は倒れた大きな木の枝の茂みのなかにすっぽりと入り込みパックの牛乳を飲んでいます。「この木は、とくべつな場所だった。秘密の夢を見るにはちょうどいいくらいの大きさ（big enough）。ともに冒険をするには、ちょうどいいくらいの狭さ（small enough）」（この部分のみわたしが英文テキストから訳した）とあり、ウィーズナーは空想遊びにとっての空間のもつ大切さを指摘しています。このテキストはまさに子どもの感性を、ウィーズナーが成人の言葉で語ったものでしょう。

そして、とうとうある日、この大木は切られてしまいます。空想遊びの拠り所であった大切な大樹は、消失してしまったのです。細かく切られた木に、心の底からがっかりした表情でもたれかかったディヴィッドは、「人生はじまって以来のみじめな気持ち」になります。この絵本で展開された兄弟のさまざまな空想遊びは、テキストも絵もともに外から見える子どもの様子と、外からは見えない子どもの内面世界を描いています。

日が経つにつれて成熟する空想の世界、兄弟の空想遊びの根拠となるものの精確な提示など、その空想世界はすべて「事実に根ざして」描かれていることを納得させます。テキストは、つぎつぎに生じる空想の出来事を時間の経過にそって追い、絵は要所要所で立ち止まりテキストでは表し得ない感情・雰囲気を伝えます。ウィーズナーは、最後のページで兄弟の貴重な同行者であった猫のハンニバルの空想世界（雨降りの窓から見える魚）をも、ユーモラスに描いています。

このように、木が空間（場所）となり空想遊びが展開する絵本は比較的多く存在します。

◆*The Tree House* (Joanna Stubbs, London, Andre Deutsch, 1988.)

これはそのなかの一冊です。子どもたちによって一本の木が遊びのなかで船へと変換されている場面を示してみましょう。木は子どもたちの想像を、さまざまに育むものであることがうかがえます。

さて、ロケット遊びも随分学生たちの回想記録に出てきます。ジョージほど科学的知識はないものの、それでもロケットは空高く宇宙まで飛翔します。

In the tree there was a house.
Not a very big house.
Not a very grand house.
Not a house with chimneys and a
rain barrel outside.
But a house made of wood.
A house with a window.
A house with a door as well,
and a ladder made of rope to
climb up and look inside.

〈4〉

When the wind blew hard through the
leaves and branches Timothy said
that he was the Captain of a ship,
and Emily and Matthew were his crew.
They sailed storm tossed past whales
and dolphins. They explored deserted
islands. They caught fish or fought
pirates all the summer day long

〈7〉

Illustrations from *The Tree House* © 1988 Joanna Stubbs. Andre Deutsch, London.

［ケース14］ロケットで月へ行く（１９９５年）

小学校の2年生くらいの頃、小学校の校庭に大きな木を切ったものがありました。その木はペンキで肌色に色づけられていて、上に立ったり座ったりすることができました。わたしたちはその木をロケットと見立てました。その木に5人くらいの友達が座り、一番前に座った子が隊長でした。また、その木を支えている棒がロケットに乗り込むための階段でした。ロケットに乗り込むとき、隊長が「食べ物をもったか」とか「全員そろっているか」などと点検しました。そして、木の上にみんなが座ると、隊長は全員が座ったことを確認して「３、２、１、スタート」と、言いました。そして、わたしたちは宇宙に飛び立つのでした。

木の上はロケットのなかですが、もし、木の上から落ちるとロケットから落ちることになります。だから、わたしたちは大きな木にまたがり友達と話することはあっても、その体勢を崩すことはしませんでした。そして、わたしたちは月に着くのでした。月に着くと、わたしたちはロケットから出るための準備をしました。ロケットのなかでは呼吸をしていましたが、ロケットから出ると呼吸をとめました。その当時、呼吸には酸素が必要で、宇宙にはその酸素がないということは多分知らなかったと思います。

しかし、本やテレビ等で宇宙に立っている人を見たことがあったのだろうと思います。だから、宇宙飛行士がしているような格好を、自分はしているのだと思いこんでいたと思います。そして、ある程度宇宙にいたらまた、その木（ロケット）に乗り、隊長が全員いることを確認したら出発します。そのまま地球に帰ることもあれば、他の星に行くこともありました。このようにして、わたしたちの宇宙の旅は終わるのでした。この遊びをどれくらいしたかははっきり覚えていませんが、おそらく一か月くらいは毎日していたと思います。この遊びをしなくなっても、木の上に座ってよく友達と話をしていました。

この遊びを通して、わたしは友達との絆を深めたと思います。また、隊長というのはその日によって変わります。だから、自分が隊長になったときは、友達の世話をしたり、友達に指示を出したりしなくてはなりません。だから、自分が隊長になったときは、先生になったような気分になりました。友達が、自分のことをとても信頼してくれているような気がしていました。また、友達が隊長になったときは、わたしは友達の言うことを聞いていました。友達に指示されて嫌だと思った記憶がないので、たぶん友達はわたしに無理な指示をしなかったと思います。このようにわたしは、この遊びをすることによって友達と信頼関係を築いていったのだと思います。

学生たちの記録には、絵本のなかではとくに詳細なかたちでは描き込まれていない子どもたちの遊びの実際がよく語られていて、そのときの子どものたちの心の躍動感が伝わります。木が切られてしまった後、ディヴィッドが「人生はじまって以来のみじめな気持ち」になったとありましたが、学生たちの記録のなかにも同じような経験をして本当にがっかりした様子が書かれています。短く、抜粋してみます

［ケース15］藁《わら》がなくなったとき、とても悲しい思いをした（1997年）

わたしが小学2年生の頃、家の周りにはたくさんの田圃がありました。秋になるとその田圃の稲はすべて刈り取られるのですが、刈り取られたに後は田圃の真んなかに藁が山積みにして置かれていました。

藁を使って一番長く続いた遊びは、高く高く藁を積んでそれをプールに見立て、その横にあった塀を飛び込み台に見立てて、そこから下に向かって飛び降りて遊んだことです。わたしたちはこの遊びをするために、毎日その田圃に行っていました。しかし、一週間ぐらい過ぎていつものようにその田圃に行

ってみると、藁がまったくなくなっていました。農家の人が子どもが遊んで散らかすからと、片づけてしまったそうです。わたしは、いつも遊んでいた藁がなくなったときとても悲しい思いをしたことを思い出します。

それから何年か経つと、どの田圃を見渡しても藁がそのまま置いてあるということはなくなってしまいました。

［ケース16］泣きじゃくって父に抗議した（１９９５年）

わたしは、隣の家の柿の木２本でさまざまなごっこ遊びをした。

柿の木で一番流行ったのは「忍者ごっこ」である。木登りの達人になった頃（8歳くらい）男女10人ほどで、それぞれが座りやすくて、掴まりやすい枝を隠し、部屋とする。「隠す」といっても、木の枝であるから外からなにをおいてあるのか丸見えなのだが、そんなことは気にせず、忍者の道具を紐でつるしたり、枝の股にはさんでおいたりした。道具は、広告の紙で作った手裏剣・刀が主なもので、初めのうちは的にぶつける小石もあったのだが、エキサイトしたときに怪我をするので廃止になり、小石の代わりに植物の実、それもぶつけて痛くなく、あたって割れても服が汚れないものを使用した。

忍者としてたくさんの戦いをくぐり抜け、かなりの修行をしてきたわたしたちにとって２本の柿の木の城は、かけがえのないものであった。しかし、その近所の家が改増築するということで、庭は小さくするということが突然知らされた。当然「城」は、取り壊される。泣きじゃくって父に抗議したが、もうどうすることもできなかった。取り壊しの日、忍者たちは落城をただ見つめるだけだった。「城」の本当の持ち主がわたしたちの機嫌をとりにきたが、無駄だった。約七年間の柿の木とのおつき合いは、一瞬にして終わってしまった。

この記録には、まだまだ面白くて吹き出すようなエピソードが含まれていますが割愛しています。自然破壊が、同時に子どもの遊びと想像力を破壊していくことが、こんな小さなエピソードのなかにもはっきりと現れています。

七年間にわたって遊びこんだこの柿の木は、彼女らにとっては柿の木というより、遊びをとおして創造された表象上の意味であるお城のほうが「現実」であり、それゆえ「落城」という言葉が成長したいまでもすんなりと出てくるのでしょう。

この遊びこみ現象による現実と想像上の意味の反転は、子どもたちのなかにはかなり日常的にあると思われ、愛着物等の形成も同じような心理構造にもとづいていると考えられます。子どもたちがごっこ遊びのなかで扱うさまざまな物は、おとなが現実のものと視覚的に認知している物とは、かなり異なったモノとして意味づけられていることを知るべきでしょう。

◆『ぼくのへやにうみがある』（ワイルド文／ターナー絵／しろたのぼる訳／ほるぷ出版／1987）
（*There's a Sea in My Bedroom.* Margaret Wild & Jane Tanner, Melbourne, Thomas Nelson, 1984.）

オーストラリアで出版された作品です。空想遊びの舞台（場所）は、寝室です。ベッドは、あとで島へと見立てられる重要な家具となります。しかし、「ぼくのしんしつにはうみがある」ではなんとなく収まりが悪く、文化の異なるところでの翻訳の難しさを感じます。主人公のデビッドは、波に叩きつけられた体験から海が大嫌いになります。海岸でいろいろな色や形の貝を集めますが、ある日、外側が茶色で内側がオレンジ色をした、彼の頭くらいの大きさの巻き貝を拾います。

父は、デビッドに「このかいに　おまえのみみを　あててごらん。きっと　うみのおとがきこえるから」と教えます。この父からもたらされた新しい知識は、彼の空想遊びの大きなきっかけとなります。夜、ベッドの側の椅子の上にこの貝をのせたデビッドは、

「でておいで、うみよ。でておいで！　ぼくは　けっして　いじめたりは　しないから！」〔第６見開き〕

と話しかけます。しばらくすると、貝のなかから海が外へ流れ始めます。「このうみを　かいのそとへつれだせたらなあ」という彼の強い願望が、空想世界への入り口となっています。寝室は、波の押し寄せる海へと変わりはじめ、

「デビッドは　びしょぬれになりました。でも、へいきでした。ちっとも　きになりません。デビッドは　みずのなかに　とびこんで　ぱしゃぱしゃと　あしでけとばしました。それから　うしろにういていたおもちゃばこを　ふねにして　こいでみました」〔第12見開き〕。

この玩具箱の絵は、テキストが書かれている見開きでは描かれていませんが、表紙のところに描いて

あります。デビッドの寝室の海には、彼が現実に所有している赤いタグボート・水上飛行機・木のあひる・スヌーピーのぬいぐるみ（同行者）、本などとともに想像の産物である魚・蟹・鴎・やどかり、それに黄色い長靴（これはおそらくデビッドのものと思われる）が混在して描かれています。

デビッドは、手のひらいっぱいに海の泡をすくいますが、これはすくったとたんに消えてしまいます。これは、彼の想像力の限界を示しています。第14見開きは、デビッドの空想遊びがクライマックスを迎えたところの見開きです。

椅子は浮き上がり、ベッドは絵によるメタファーにより島に変わりつつあります。デビッドは服ごとずぶぬれになり「パパ、ママ！　ほら！　ぼくのへやに　うみがあるんだよ！」「ほら！　ぼく　いまみずにとびこんで　ずぶぬれなんだ」と叫びます。そして、その声に誘われてやって来た父母がドアを開け「なんだって！　へやがうみだって」と話しかけるやいなや、海は跡形もなく消えてしまったのです。そこには、玩具がいっぱい散らばった木の床の上で、バタバタと手足を動かすデビッドの姿があるだけでした〔第15見開き〕。

この絵本では、父母は後ろ姿もしくは腰の部分だけしか絵に描かれてはいません。これは、前出の『大あらし』でも同様で、おとなの姿はできるかぎり部分的もしくは遠景として描くよう配慮されているのです。それは、空想遊びが子どもたちの想像の支配下において生じるものであるため、現実（おとな）の支配者（論理）を排除するためと考えられます。

デビッドの空想の海は、父母がドアを開けたとたん失われてしまいました。しかし、「あした　みんなで　ほんとうのうみべへ　いってみようか？」という父の提案で、家族は海へ行くことになります。

〈12〉

〈14〉

『ぼくのへやにうみがある』（ワイルド文／ターナー絵／しろたのぼる訳／ほるぷ出版／1987.）より

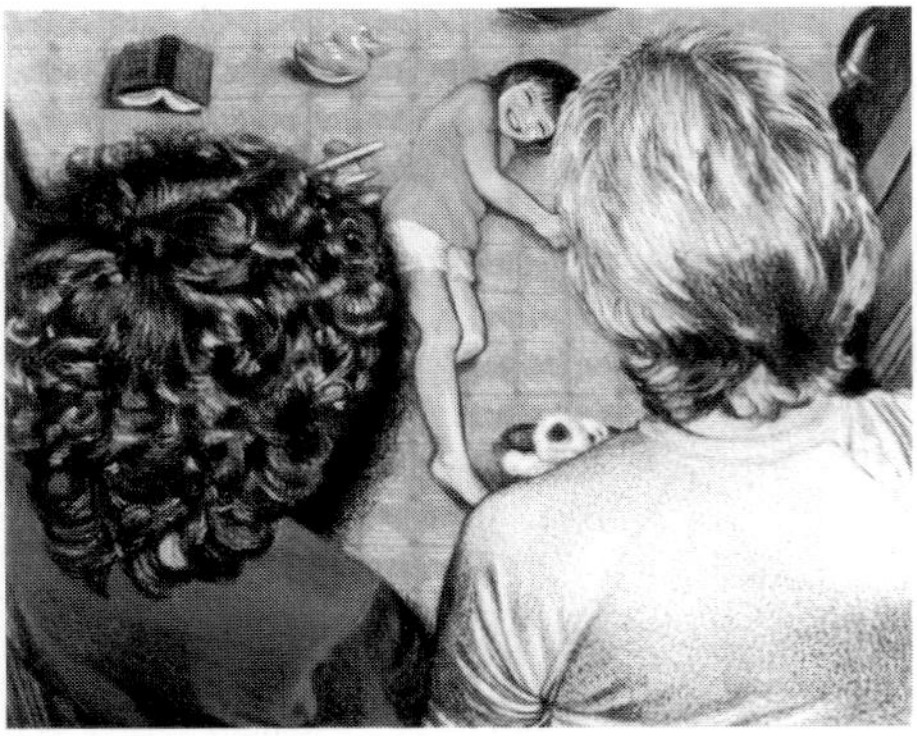

〈15〉

『ぼくのへやにうみがある』（ワイルド文／ターナー絵／しろたのぼる訳／ほるぷ出版／1987.）より

最後の見開きでは、海のなかでうれしそうに微笑んでいるデビッドの姿がありました。彼の寝室の海で十分に満たされた空想遊び体験は、現実の海への恐怖をやわらげ、それと向き合う力を育んだと思われます。遊びの世界で獲得された勇気や自信は、現実の世界へと適用できることを示唆しています。

さて、学生たちの記録のなかにも海が主題になるごっこ遊びは随分ありました。しかし、ここではそのような内容の回想記録は割愛し、デビットのように空想のごっこ遊びのなかで獲得された能力が、現実の生活へと大きく影響を与えたというケースを抽出してみます。

［ケース17］人形相手に話しているうち友達ともうまく話せるようになった（1999年）

わたしが小さい頃、わたしの家には男の子の人形のパジャマ入れがありました。そのパジャマ入れは50

センチくらいとわりに大きく、また顔がなんとなく兄に似ていて、髪の毛がなんとなく弟に似ていると、その当時わたしは思っていたので、その男の子の人形に二人の名前をくっつけた名前を付けていました。

また、三人きょうだいでわたしだけが女なので兄と弟だけで男の子がする遊びをすることもありました。わたしの家の周りには友達の家や同年代の子の家がなかったので、そんなときは本当にさみしかったのを覚えています。そんな、わたしだけが仲間外れにされたように感じたとき、わたしはよくその男の子の人形に兄や弟に対しての不満を漏らしていました。それはときには「ぐち」であったり、本当に悔しいときには泣いたりもしました。このように書くと、この人形はわたしにとって友達のように見たてられ、相談相手としての役割を果たしていたと思われるでしょうが、それは違います。この人形は、兄や弟に見立てられていました。兄や弟に見立てた人形に兄や弟の文句を言うのも変な感じですが、実際はそうでした。

そしてそのときは、人形としてではなく、本当の人間のように扱って隣に座らせたり、膝の上に座らせたり、抱きしめたりしていました。この見立てごっこは幼稚園の年長の頃から小学校に上がる頃くらいまでの、約一年間続きました。その当時人形がなにも話してくれないのも、慰めてもくれないのもわかっていましたが、人形に対して自分の不満を打ち明けるだけで満足していました。両親が共働きで忙しく、あまりいろいろなことを話す時間がなかったということもあり、わたしが心から話をできるのはその人形だけでした。

この人形にいろいろ話しているうち、わたしは自分の言いたいことが少しずつ言えるようになってきました。そのため兄弟と喧嘩しても言いたいことが言えるようになり、不満が本人にもらせるようになってきました。対等に喧嘩できるようになって、兄や弟とそれまでより仲良くなったとき、いつの間にか見立てごっこをしなくなりました。

小学校に入ってから自分で友達の家に遊びに行けるようになり、自然とこの遊びをしなくなってからは、相談事や「ぐち」等は母や友達に打ち明けるようになったのですが、わたしはこの遊びを通してつらいことや悩みを誰か（なにか）に打ち明けるということを、学んだと思います。自分の心の内を人に話すというだけでも気持ちが楽になる、とわかったことで、自分も人に話せるようになったし、また、「自分が人に聞いてもらえるだけで楽になれるのだから、きっと他の人も話を聞いてあげるだけで少しは楽になれるだろう」と、思えるようになったので、ただ聞くだけであったとしても友達などの話や悩み事を聞いてあげられるようになったと思います。

［ケース18］僕はヒーローなので、変身しないときでも困っている人を助けることが義務的になった（1999年）

僕は3歳くらいのとき、僕と同じ歳の友達3人と「ギャバン・シャリバンごっこ」をしていた。「ギャバン」「シャリバン」というのは、仮面ライダーとかそういう正義の味方のヒーローのやつで、友達二人が「ギャバン」の役で、僕が「シャリバン」の役をやっていた。僕ら三人は順番に、「おれはギャバン」「おれはシャリバン」とか言いながら保育園の先生やぬいぐるみを悪役にして、そいつらをやっつけていた。そしてギャバンやシャリバンは困っている人がいれば助けていたので、僕たちもそのとおりに困っている人がいれば助け、そしてタオルや積み木をギャバンやシャリバンの武器である銃に見立ててポケットの脇にはさみ、ギャバンやシャリバンになりきっていた。

また、ヒーローはなんでもできると思っていたので、平均台とかその当時の僕たちにしては、ちょっと高くて怖いところからいつもはジャンプできなかったのに、その遊びをしているとき――つまり自分で自分のことをギャバンやシャリバンだと思っているときには――そういう所から恐怖もなくジャンプできた。

そして、その遊びのなかから得たものは、初めは困っている人がいれば、僕はヒーローなのだからと思って助けていたが、次第に変身していないときでも助けなければならないという義務的な心と、助けたいという願望の心が生まれ、そして困っている人がいれば当然のように助けるという行為が身につき、また、そういう気持ちや高い所からジャンプができるようになるなどの勇気を得た。この遊びは「ギャバン」や「シャリバン」が放送されていた3歳～5歳くらいまで続けられた。

しかし、その続きとして「シャイダー」が放送されたが、その頃には自分はギャバン、シャリバンそしてシャイダーではないことに気づき始めたので、その遊びはしなくなった。

わたしは、第3章の（1）で、ひとりっ子が増えることで架空の友達やぬいぐるみを相手に対話する子が多くなり、そのことがひいては人間関係において不器用な子を生み出すのではないかという懸念を述べました。しかし、ケース17や18を読むと、必ずしもそのようには言いきれないことがわかります。子どもであるが故に、かえって絵本や物語の世界で出会った憧れの主人公の振る舞いを、そのまま現実世界の自分自身の行為へとストレートに模倣することがあります。同じように空想遊びで演じた役割を、そのまま現実の自分の役割として取り込んでしまうこともあるようです。

しかし、そのようにして獲得した能力や習慣が、どの程度現実の生活のなかで維持され続けるのかは、とくに研究されているわけではなく、明確なデータもありません。わたしの経験範囲で言えることは、

「おねしょ」の絵本で実際に子どものおねしょが止まったとか、おまるの絵本を見ることで、やはり上手にトイレットトレーニングが確立できたなどという話は、比較的よく聞きます。このような直接的な行為に結びつくことのない、もっと心の深い層へと影響を与える人間的な心性や、美しいものへと反応する感性、味わう力等が絵本によってどのように培われるかは、ある程度の年月を経た後、ひとりひとりが「自分のなかに発達を読む」ことによってしか明確にはなりません。

わたしたちは、一冊の本や絵画等との出会いがなにかの始まりに大きな影響を与えたり、あるいは問題解決への糸口となる話は、日常的によく聞きます。それは、自分自身の発達を対象化し、その内なる過程を読む――自分のなかに発達を読む――ことを自覚的に行うことのできる、あるいは習慣的に身につけているおとなの場合は可能ですが、幼い子どもの場合は難しいのではないかと思います。しかし、子どもたちに自律的人格形成を早くから要求する欧米の教育的・文化的風土のなかで育った子どもたちにも、同じことが言えるのかどうかはわかりません。

さて、空想遊びと両親（おとな）との関係ですが、空想遊びに対するよほどの感性をもつ人でないかぎり、子どもはおとなの介入を好みません。もしそのような機会があるとしても、おとなの側によほどの慎みがないかぎり、子どもの空想にかける熱い想いは壊されてしまうでしょう。そんななかで、幼い子どもの空想上の動物（ライオン）を、共有してしまう母が登場する絵本があります。

◆『はらっぱにライオンがいるよ』（マーヒー作／ウィリアムズ絵／はましまよしこ訳／偕成社／１９９１）（*A Lion in the Meadow.* Margaret Mahy & Jenny Williams, Melbourne, J.M. Dent & Sons, 1986.)

オーストラリアで出版されたものです。３歳くらいと思われる主人公の少年チムは、生まれて間もない妹に手を取られている母の関心を引きつけたくて「おかあさん、たいへん、はらっぱに　ライオンがいるよ！」と、窓から外を眺めながら言いいます〔第1見開き〕。チムは、外の大樹のほの暗い陰や金色の草むらのなかに、たてがみを揺らすライオンを見つけているのですが〔第2見開き〕、彼が机の上においた画用紙には描きかけのライオンの姿が見えます。机の下の猫も、あやしい存在です。彼の空想の根は、しっかりと示されています。

しかし、チムのお母さんも負けじとチムにマッチ箱を渡し、「そのはこを　はらっぱにもっていってあけるとね……ちっちゃい　ドラゴンが　でてきて、あっというまに　大きくなるわよ」とけしかけます。それではと、チムもマッチ箱を手に外へ出かけ、やがて息せきって大急ぎで家のなかに駆け込んできます。「おかあさん、たいへん！　ドラゴンが　でっかくなって、はらっぱにいるよ」。いずれも、原っぱが空想の空間になっています。

絵は、現実の母子の生活のなかにライオンやドラゴンが「異次元同図」で描かれ、母子が二人で作り上げる空想の世界が展開されています。一体このドラゴンはどこから母子の生活に侵入してきたのだろうかと考えていますと、最後の見開きで、お母さんがチムにドラゴンの絵本を読み聞かせている画面があり納得させられました。つまり、この母子は絵本のなかの世界を二人で「共謀」して、現実の生活へと織り込んでしまったのです。

このような架空の友達や動物が家族のなかに同居することは、子どもがごく幼いときはよくあることですが、少し年長になるとそれは子どもたちだけの秘密になる場合があります。そんな架空の秘密の友

〈1〉

〈2〉

『はらっぱにライオンがいるよ』（マーヒー作／ウィリアムズ絵／はましまよしこ訳／偕成社／1991.）より

達を描いた絵本も第3章で若干採り上げましたが、他に10冊ばかり手元にあります。最後に、雪で覆われた大石をマンモスに見立てた少年の素晴らしい冒険世界を視覚化した絵本を見ておきましょう。

◆*Will's Mammoth*（Rafe Martin & Stephen Gammell, New York, G.P. Putnam's Sons, 1989.）

これは、作家マーティンの子ども時代の思い出が源になっており、彼がニューヨークで子ども時代に通った「自然史博物館」（Museum of Natural History）には恐竜の展示室、マンモスの模型や壁面装飾があり、彼は「ほんとうに好きな場所」だったと表紙カバーの折返しで語っています。また、扉の裏には「私に石は生きているのだと教えてくれた幼年期のある丸石のために」という言葉もあります。

第1見開きには、テレビゲームならぬマンモス浸けの生活をしている少年ウイルの暮らしぶりが、ユーモラスに描いてあります。

父や母がもうマンモスは地球上にはいないと言いますが、「しかし、ウイルはそれがどこにいるかをしっていた」、と書いてあります。雪の日、近くの野原で彼は大きなマンモスに乗り遊びます。雪で覆われた丸石の上にまたがる彼の想像は、はるか1万年前のマンモスが生きていた時代を駆けめぐります〔第2見開き〕。

子どもの生き生きとした空想遊びの世界が、まさに目に見えるように展開します。また絵本のなかの両親の姿は、胸から下だけおよび小さく描かれた後ろ姿のみです。

さて、石を恐竜に見立てて遊ぶ話は、学生の記録のなかにもありました。

〈1〉

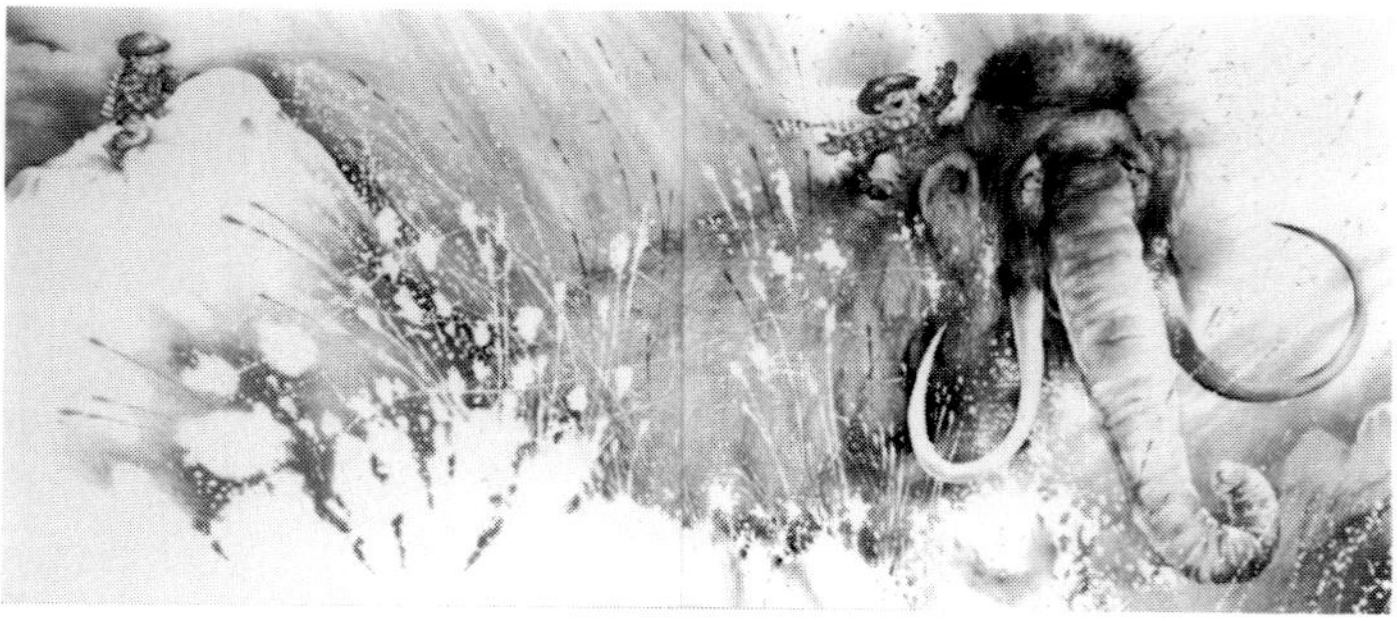

〈2〉

Illustrations from *Will's Mammoth* © 1989 Stephen Gammell, story by Rafe Martin. G.P. Putnam's Sons, New York.

［ケース19］「逃げろ！　テラノザウルスだ！」（１９９４年）

わたしには一つ上の兄がいたので、幼い頃は女の子がよくしているお人形遊びなんてほとんどせず、外で走り回っていた。特に、近所にはわたしと同じ年、兄と同じ年の男の子がたくさんいた。近所の男の子たちの間で「ごっこ遊び」をよくしていた時期は、わたしが幼稚園に行くか行かないかぐらいの年だったと思う。兄が小学校２、３年になるにつれて「ごっこ遊び」は卒業し、公園でドッジボールをよくし始めた。

「ごっこ遊び」のいつもの場所は、わたしの家の前の空地であった。この空地は、自分たちの背ほどある草が茂っていて、その土地の持ち主の人の関係で焚き火用のような板が、すごく高く積んであった。そして、ところどころには大きな石が置かれていた。親には「危ないからいかれん」と、よく言われていた場所だ。しかし、この場所はわたしたち近所の子どもたちの秘密の場所でもあり、いい遊び場だった。今思えば、ただの空地だったかもしれないが、その頃のわたしにとっては胸がワクワクする場所だった。この土地の魅力的だったことは、自分の背ほどの草がのびていたことだ。小さいわたしたちは、この草のお陰でいろいろ想像力を広げることができたと思う。

このごっこ遊びで印象的だったものは「恐竜ごっこ」だ。男の子四～五人とわたしで、一番上の年の男の子を隊長にして、この空地を探検するのだ。わたしたちは、この空地に入ったときから、恐竜の時代へタイムスリップしているのだ。空き地の草をジャングルの森と見立て、わたしたちはゆっくりと奥へ進んで行く。すると大きな石を恐竜と見立てて隊長が「逃げろ！　テラノザウルスだ！」と叫ぶと、わたしたちは本当に恐竜を見たかのように「食べられるー！　キャー」と言って逃げ出す。そして、板の積んだ所を自分たちの基地と見立て、このなかで「恐竜は三匹いる。でも、二匹は草食だから大丈夫だ。あとの肉食の恐竜をどうやって倒そうか」と、恐竜退治について話し合う。そして、そこらに落ちている板きれ・石を、剣や盾・ハンマー等に見立てて恐竜と戦い始める。初めは、どうしてもやっつけられない。石を板きれで叩きながら、「カーン！　ダメだ。恐竜にはきかない！」と言って、基地に引き上げる。そして、みんなで作戦を練り直す。みんなが真剣にいろいろな案を出し合い、隊長が「よし、草食恐竜をボクたちの仲間にしてもう一度戦うぞ‼」と言って、もう一度恐竜との戦いが始まる。この辺に落ちている石や木の実、土でダンゴを作ったものをわたしたちの食料に見立て、別の石を草食恐竜と見立てて、話しかけたり食料をあげたりする。そして、草食恐竜がわたしたちの仲間に入り、肉食恐竜と戦い、最後にやっつけるというのが、この遊びのパターンだった。子どもの頃は、ごっこ遊びが非常に上手だったと思う。本当に自分は、タイムスリップしていた感じがしたし、恐竜も追いかけてくるように見えた。だから、遊んでいるときはいつもドキドキしていたし、楽しかったので、今でも思い出すと楽しくなる。

ウイルのマンモスが楽しい遊び仲間であるならば、回想のなかの恐竜は戦いの相手になっています。しかし、肉食と草食の恐竜がいて草食の方を仲間に引き入れるという発想は、子どもなりに考え抜いた形跡がありとても面白いものです。時代や文化・環境が異なっても、石を同じ恐竜に変換させてしまうという、類似の想像力にもとても興味深く感じました。

子どもたちは、テレビの空想上のキャラクターのミニチュアやおとなには不気味にすら見える人造怪獣をコレクションし、大切そうに扱います。彼らがそれを手に取り、なにやらゼスチャーを交えつつさかんに遊んでいる姿は、外側からは伺い知れない世界ですが、この回想記録に見るように、たくさんの物語世界が作り出されているに違いありません。

（三）空想遊びはどのように成熟するのか

『大あらし』では、一冊の絵本のなかで兄弟の空想遊びの成熟が描かれていましたが、二冊のシリーズにわたってそれが描かれている絵本があります。

◆『もりのなか』（エッツ文・絵／まさきるりこ訳／福音館書店／１９６３）（*In The Forest.* Marie Hall Ets, New York, Viking, 1944.）

◆『またもりへ』（同／１９６９）（*Another Day.* 1953.）

原著は、いずれもアメリカです。エッツは、子どもの頃の一番楽しかった思い出はウィスコンシンのノース・ウッズで過ごした幾夏かのことで、「わたしはひとりで暗い森のなかへ駆けていき、何時間もすわって、松のこずえを渡る風の音を聞きながら、森の生きものたちが現れるのを待っているのが好きでした」(9)と述べています。これらの絵本は、おそらくその頃の体験が物語の下敷きになっていると思われます。

この二冊の絵本はあまりにも有名であり、森という空間がもたらす想像の根拠や、父親が迎えに来ることによる空想遊びの消失（出口）等、すでに言い尽くされたことも多いので(10)、ここでは子どもの空想遊びの成熟がどのような内容の変化を示すのかに留めます。

『もりのなか』は、主人公の「ぼく」の一人称の語りで進んで行きますが、「ぼく」の散歩についてくるライオン・象・熊・カンガルーなどの空想の動物は、彼らの方から同行することを申し入れています。しかし、実在の兎だけは、「こわがらなくって　いいんだよ」と「ぼく」の方から誘い、兎もなにも言いいません。空想の動物たちが、「ぼく」の散歩に同行するために自ら申し出る条件や行為は、第3見開きで「ちゃんと　かみを　とかしたら、ぼくも　ついていって　いいかい？」と髪をとかすライオン。水浴びをしていた象の子が耳を拭く。ピーナッツの数を数えたり、ジャムをなめたりしていた熊は「ぴーなっつと、じゃむと　おさじをもって」散歩についてきます〔第7見開き〕。それに「あかんぼうも　ちっとも　じゃまには　なりませんよ」と言う、お母さんとお父さんカンガルー等、この年齢の少年が受けるしつけを含む生活臭が強いものです。空想遊びも、地上すれすれの所を這い、まだあまり高くへは跳ぶことができません。第13見開きは、少年が想像上の動物を連れて森のなかを行進する様子です。

しかし、二冊目の『またもりへ』での空想遊びは、この少年の成長をよく表しています。また、この絵本にはつぎのような献辞が捧げられています。

「わたしのうちのそばの　ラヴィニアのもりで　いつもあそんでいた　おとこのこと　それから　いつか　みちであって　いっしょに　もりのどうぶつごっこをした　おとこのこへ　このほんを　かんしゃをこめて　ささげます」

〈13〉

『もりのなか』（エッツ文・絵／まさきるりこ訳／福音館書店／1963.）より

二冊目の「森」は、最初から「わいわい　がやがや」という声に包まれ、すでに動物たちは「ぼく」を待っており、物語も表紙裏の見返しから始まっていて実在のねずみはそのままに、空想の動物は白い線描画で描き分けられています。

「ぼく」を待っていた年寄りの象は「いま、かいぎを　ひらいていたのです。みんな、じぶんのとくいな　ことを　やって、だれのが　いちばん　いいか、うでくらべを　しようって」（6－8ページ）と言います。

キリンは自慢の首を長く長く伸ばし、頭は木の葉に隠れて見えなくなってしまいます。ライオンがものすごい声で吠えると地面から石が飛び出し、木の葉は振るい落とされ落ちてきます。このように動物たちがつぎつぎに繰り広げる得意技は、「ぼく」がそれまでに獲得したこれら動物についての知識を披露する場となっています。

さて「ぼく」の番になり、少年が逆立ちをして鼻でピーナッツをつまもうとしておかしくなり笑い出すと、動物たちは目をまん丸にして「これが、いちばん　いい！　ほかの　だれにも、これは　で

〈表紙の見返し〉

おとうさんだって、ほかに　なにも　できなくても　いいから、おまえの
ように　わらってみたいよ　と、おとうさんは　いいました。
それから　おとうさんと　ぼくは、てを　つないで、うちへ　かえりました。
38

〈38ページ〉

『またもりへ』（エッツ文・絵／まさきるりこ訳／福音館書店／1969.）より

きないからねえ」と言いいます〔30－31ページ〕。

やがて、お父さんの呼ぶ声が聞こえて「さようなら」と年とった象が言うと、動物たちは消えてしまいます。二人が帰途につく途中、息子の笑い声を遠くから聞いていたと思われる父は、「ほかに　なにも　できなくても　いいから、おまえのように　わらってみたいよ」〔38ページ〕と言います。エッツから子どもたちへのメッセージであり、エッツが子ども時代にこそ輝く心からの笑いをとても大切なものと意味づけていることがわかります。エッツは、子どもの空想遊びの成熟の内面変化を巧みに描いています。もし、このシリーズの三冊目が描かれるとするならば、エッツはどのように展開したでしょうか。興味を惹かれる問題です。

(Ⅲ) おとなには見えない子どもの空想世界

ごく普段の日常生活において、同じ空間（場所）でなにかの行為を共有しているつもりでも、おとなと子どもの間の思惑や意味づけはしばしば食い違ってしまいます。ましていわんやそれが空想遊びになると、表面上の行為だけは両者の間でどうにかつじつまがあっても、その内面世界たるやとんでもなく食い違っていることがあると考えられます。たとえば、『ぼくのへやにうみがある』等もそのひとつでしょう。

そんなおとなと子どもの間のすれ違う心、矛盾するおかしさ、お互いが見ることのできないイメージの違いを、絵本という形式でフルに表現し続けているのが最近のバーニンガムです。彼の見開きを二つに分割するユニークな絵本づくりの手法については、すでにさまざまな人により言及されていますのでここでは触れません。ここでは、それらのずれや矛盾を引き起こす心理的原因が、どのような事実を根拠に、どのような手法で描かれているかに焦点を絞ります。まず、彼の「シャーリー絵本」の一冊を採り上げてみます。

◆『なみにきをつけて、シャーリー』（バーニンガム作／へんみまさなお訳／ほるぷ出版／１９７８）
（*Come Away from the Water, Shirley*. John Burningham, London, Jonathan Cape, 1977.）

原著はイギリスで出版されています。両親とシャーリーは犬をつれて海岸へ休息に出かけます。海辺につくと画面は二つに分割され、左が両親のリラックスする姿、右がシャーリーの繰り広げる空想の海賊遊びの世界になります。シャーリーの空想を支える空間は海辺におかれた一艘の小舟であり、それはまた、空想遊びへの入り口ともなっています。右画面のシャーリーの空想世界はまったくテキストなしに進行し、言葉は左画面の母親がシャーリーに投げかける独り言のかたちをとった小言のみです。

しかし、その母親の言葉のなかには、右画面で展開されるシャーリーの海賊ごっこがどのようなものを見立ての根拠にし、その「ふり」はどのようなことを下敷きに引き起こされているのかのヒントに満ちています。母の「どうして　あのこたちの　なかまに　はいらないの?」は、「海賊ども」であり、「シャーリー、いぬを　ぶったりしちゃ　だめよ。どこかへ　いっちゃったら　どうするの」（第5見開き）は、つぎの第6見開きへと続く「海賊との大乱闘」であり、第7見開きの「ほらほら　きをつけて　いしをなげちゃだめよ。だれかに　あたったら　たいへんでしょ」は、シャーリーが「海賊船から飛び

〈5〉

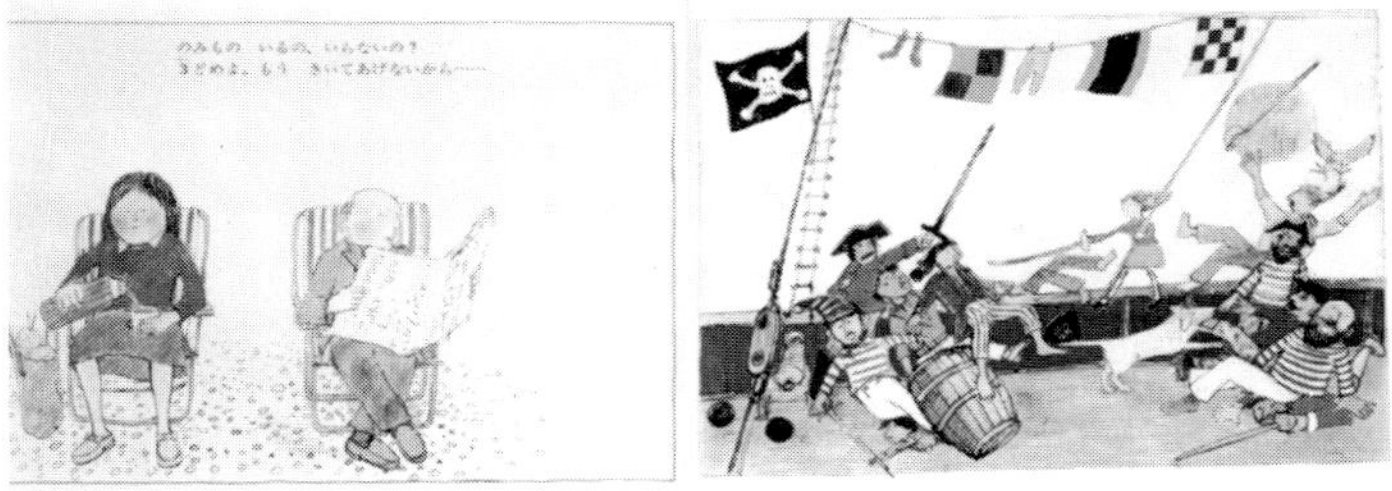

〈6〉

『なみにきをつけて、シャーリー』（バーニンガム作／へんみまさなお訳／ほるぷ出版／1978.）より

〈7〉

〈8〉

『なみにきをつけて、シャーリー』(バーニンガム作／へんみまさなお訳／ほるぷ出版／1978.) より

込む音」ではないでしょうか。

さらに「においのする　かいそうは　おうちへ　もってかえれないわよ。わかってるわね、シャーリー」〔第８見開き〕の海草は、シャーリーが海賊どもからせしめた「宝島の地図」と思われます。彼女は、小舟のなかで真剣にその地図を眺めています。

◆『もうおふろからあがったら、シャーリー』（バーニンガム作／あきのしょういちろう訳／童話館／１９９４）（*Time to Get Out of the Bath, Shirley*. John Burningham, London, Jonathan Cape, 1978.）

この絵本も、同じ手法で母と子の気持ちのすれ違いを描いています。シャーリーが入浴している間中、隣の洗面室で「おふろには　もっと　ひんぱんに　はいらなくちゃ　だめよ」とか「みてよ、こんなにぬぎちらかして」等、左画面ではたえず小言を言いつつ洗面台を掃除したりシャーリーの服を片づけたりして気ぜわしく動く母が描かれています。対する右画面では、シャーリーが浴槽の排水溝から外の運河に脱出し、冒険をする空想世界の遊びが独自に展開されています。

シュワルツはこれらの「シャーリー絵本」について、これは子どもの自律への要求に焦点を当てた絵本であり「二冊の絵本の中では、シャーリーは想像することで、母親の我慢のならない諭すようなお喋りと父親の無気力（『なみにきをつけて、シャーリー』のこと。…筆者注）から抜けだしさまよい、逃避している」と述べています(11)。

最初、わたしは『なみにきをつけて、シャーリー』に出会ったとき、見開き画面があまりにも真っ二つに分割されているため意味がわからず大変な違和感をもちました。左画面には海岸で休息をとる現実の父と母の世界が進行し――厳密に言えば、妻とは顔を合わすこともなく新聞を読み、途中から眠りこける父は母とも異質の時間を過ごしているのですが――右画面ではシャーリーの空想遊びの世界が独自に展開します。その間をつなぐのは、シャーリーの外から目に見える遊び（行為）への、母から見た勝手な解釈とそれに対するお小言です。シャーリーの遊びの世界をまったく理解できない父母、また知ろうともしない母とシャーリーの間には心理的な結びつきはなにもなく、そういう意味では実際の生活でもこの親子関係は真っ二つに引き裂かれていると考えてよいでしょう。

つまり、見開きを二つに割ることで生まれた断絶感は、外からは目に見えない実際の親子関係の心理的断絶を見事に表したものかもしれません。改めて絵本の形式を、視覚という視点から生かしたものという意味で新しい試みであると言えましょう。

その他学校への道すがら、さまざまに出会うものをきっかけに空想世界へと入り込み道草を食う少年を描いた、『いつもちこくのおとこのこ――ジョン・パトリック・ノーマン・マクヘネシー』（バーニンガム作／たにかわしゅんたろう訳／あかね書房／１９８８）（*John Patrick Norman McHenessy—the boy who was always late.* John Burningham, London, Jonathan Cape, 1987.）では、子どもの空想の世界が理解できない教師と生徒の「宿命の対決」が描かれています。

また、同じく子どもの空想世界や遊びを巧みに描いたバーニンガムの絵本、『おじいちゃん』（バーニンガム作／たにかわしゅんたろう訳／ほるぷ出版／１９８５）（*Granpa.* John Burningham, London, Jonathan Cape, 1984.）と、*Where's Jurius?*（John Burningham, London, Jonathan Cape, 1986.）がありますが、この二冊には「見立て」や「ふり」の根拠はいずれも描かれてはいません。

『なみにきをつけて、シャーリー』では、海辺が舞台となっていますが、学生たちの回想記録のなかにも、海岸や海を舞台にした空想遊びの世界が数多く描かれていました。そのなかから、ひとつだけ抜粋して紹介します。

［ケース20］水族館ごっこ（1995年）

わたしは、妹と二人姉妹である。近所には団地にもかかわらず同い年の子どもは本当に少なくて、大体の遊びは妹と一緒に行っていた。家で遊ぶときも、どこかに行くときも常に一緒だったと思う。2歳しか違わないために、なにをやっても大体のとこは気が合うのだった。

わたしが小さい頃は、本当によくどこかへ連れていってくれる親だった。特にわたしたちは、夏でも冬でもとにかく海が好きでよく行った。そこで、普段できるというわけじゃなくて、その海に行ったときだけしかできないけれど、その分だけ心に残っているのは「水族館ごっこ」だった。べつに「水族館ごっこ」をしよう！　というわけで始めたのではなく、わたしたち二人が遊んでいたら勝手にこうなったというだけのことである。だからこの名前は、あとで付けた。

とにかく二人ともまだ幼稚園〜小学校の低学年、中学年の頃までしかやっていなかったので、海に行くとはいえそんなに深いところでは泳がせてもらえない。「泳げるのに〜っ」と言うと、なんと親はわたしたちにまだ生きている魚をくれた。もちろんわたしたちを黙らせるためである。後になって知ったことだが、わたしたちがよく連れていってもらった海は、海水浴場ではなく単なる魚を釣るための海だった！（そのために、泳がせてもらえなかったのか…）。

それはともかく、その魚がわたしたちの遊びの主役である。「……なあ姉ちゃん。このままほっとったら……死ぬなあ」「うん。……多分な。……もう死にかけやけど」。もちろんこの魚は夜、我が家の食卓に並ぶ予定のものなので当然死ぬ運命なのである。しかし、幼心にやっぱり可哀想なものだ。そこで、館長（わたし）と所長（妹）――なにも似たような役柄の名前を付けなくても。だが、当時は本当にこっちの方がかっこいいと思っていた。だって、この直前に行った水族館でそう呼ばれていた人がいたから――は、魚の救出に取りかかる。

まず、砂が濡れていて、波が来ないところに二人でがんばって穴を掘る。石を使ったり、落ちていた木を使ったりして、ざくざく…ざくざくざく…砂とはいえ、周りが柔らかいため、すぐ崩れて穴が埋まってしまう。ざくざくざく…おっ！　水が出てきた。そう、つまりこの砂で作った穴が、水族館。水が、後から後から湧き出てくるからしめたもの。ラッキー。いちいち水を汲みに行かなくてすむ。その上、大きな穴にしてしまえば魚だけでなく、館長も所長も入れる。（これもこの直前に行った水族館の影響だろう。…水槽のなかに入って、魚に餌をやっている人がいた。わたしたちが海に行くと、そこが海水浴場でなくても、衣服を濡らすことはとっくに予想されていたため、わたしたちは水着で水族館だ！）。海水簡易プールに魚つき、といったところである。だが、なにかさみしい。物足りない。そういうことで考える。（多分、真剣に悩んだような気がする。）

「…館長さん、…お客が来んよ」。（来るはずがない。海水浴場でないからわたしたちと親しか来ないんだから）。「…前に行った水族館には、アシカショーしたみたいな、大きな建物があった」「ほな、お城を作ろう」。そして水族館の横には、バケツに砂を入れてプリンみたいに伏せたお城ができた（これは簡単）。

さあ、お客を呼ぼう。「お父さーん、お母さーん」。二人とも釣りに真剣だから、わたしたちが少しおとなしくしていると忘れられてしまう。ママヨ、二人をずるずると引きずって来て「ここ。水族館。これ魚。さっきとったやつ」。わたしたちはとっても自慢気。二人はなんだか知らないけど急に笑い出した。わたしたちは一生懸命作ったのに思い切り笑われて、ちょっとびっくりした。（今でもその顔が、忘れられない。あんなに笑わんでも…）。でも、その後に泳いで遠くに行ってしまうよりはましだと思ったのか、あまりにもわたしたちが必死だったためか、その姿を見て「もっと、釣るけんな。そしたら水族館もっと大きくせなあかんな」。

その意見を聞いて張り切ったわたしたちは水族館を、人間二人分＋魚いっぱい分（もちろん子どもの単純計算）に拡大工事を行うことにした。ざくざく…ばしゃばしゃ…工事が終わって魚を摘んだり沈めたり（うわっ、可哀想。今から思えば）してもなかなか追加が来ない。…変だ。魚が来ない。「館長、魚が…」。仕方がない、わたしが釣ろうということで、落ちていた木切れに落ちていたビニールテープを付けて、その先にお菓子を付けて海へ。（ここでは念入りな図が付いていますが略しました。…筆者注）それがわたしの釣り道具である。…釣れた。そこらに浮いている海草が。あと親からヒトデの追加が。子どもながらになかなかリッチな水族館である。魚はなくとも館長のお陰で（嘘だと思うが、わたしは結構嬉しかった）大きな水族館になった。バケツで掬ってきたクラゲも少々加えた。

だが、館長と所長といえども、やっぱり飽きるのである。創作にはひどく力を使うもので、長続きしない。すぐ他のことがしたくなる。人間やっぱり本能には勝てない。わたしたちは気の向くままふらふらとまた別の所に行って（多分、他にすることといえばボールかなにかで遊んだのだろうけど）、いくらかしてまた戻ってきた。「あーっ」。わたしたちが目にしたものは、悲劇であった。

そもそも砂というものは崩れやすい。わたしたちは知らなかった。あんなに深く掘ったはずの穴が、なんと壁が崩れて深さ20㎝程になっており、底面の半分程が陸地と化しているではないか。水面には、わたしの海草が漂っている。その上ヒトデが大きいので、魚は弱っているものが、ますます弱っているようだ。「しまった」。このままではわたしたちは、魚を殺してしまう…。館長と所長は頑張った。ほってほってほって…だけど体力的にもムダであった。時間もなかった。釣れない魚のために腹を立てた親の「もう帰ろう」で、わたしたちの夢は、はかなくも破れた。で、魚だけはしっかり連れて帰ったのを覚えているが、他は波にさらわれたのではないかと思う。

もちろんわたしたちのこの遊びが一回で終わるはずがない。いつもこんな遊びができない分だけ、海での遊びが楽しくて仕方がなくてかなり（幼稚園から小学校の間に）海へ行くたびにやっていたと思う。ときには、わたしたちの水族館は魚ごと波にさらわれ、暗い気持ちになった上、親からも叱られさんざんなこともあった。魚はおとなには食べものであっても、わたしたちには「友達」と化していたように思う。その遊びもわたしが大きくなって、塾だの部活だのと言い、また、年頃には友達と行く方がよい等と言い出したことによって、終わったといえよう。

これはわたしたち姉妹のなかで、ちょっと特別の遊びでもある。わたしたちは、とにかく二人以外にもなにか特別の命をもっているものと触れあうことが楽しくて仕方がなかった。今となれば、そんな残酷なことと言うかもしれない。だけどわたしたちはそのときに、他の命、人間以外のものがもっている命を言葉で教えられるだけじゃなくて、自分の体験を通して心から実感したのだと思う。

この学生の記録は、その当時の自分の気持ちができるだけ臨場感をもって伝わるようにという配慮からか、姉妹の会話を織り込んだ独特の語りの構図をもっています。前述のようにビニールテープの釣り竿は、単なる語りではもどかしいのか図入りで解説されていました。遊びが子どもにもたらす本質的なものを数多く含んでいるために、この回想記録はほとんど削除することなく引用しました。

子どもたちの遊びは、最初は、直前に行った水族館で体験したことを思い出すままに取りこまれ、徐徐に自分たちの想像（ストーリー）で憧れの虚構の世界が創り上げられてゆきます。自分たちの「リッチな世界」へ両親を巻き込むつもりが、大笑いによってすれ違ってしまいますが、しかし、両親には彼ら自身の夢中な世界があるため決して子どもたちの世界は侵略されません。

シャーリーのお母さんのような勝手な解釈によるお小言もなく、ひとつの海岸は親子によって二つの異なった世界へと棲み分けられています。

（Ⅳ）空想遊びを生み出すさまざまな空間

空想遊びを生み出す空間の、カタログのような興味深い絵本があります。

◆*A Little House of Your Own* (Beatrice Schenk de Regniers & Irene Haas, San Diego, Harcourt Brace Jovanovich, Publishers, 1954.)

この絵本には、「すべての子どもは、自分だけの小さい家を持たなければなりません」というテキストとともに、どっしりとしたテーブルクロスで覆われたテーブルの下、たくさんの葉っぱが茂る木の枝

A big umbrella
makes a fine house.

A secret house just
for you.

A cave behind the bushes
is a good little house.
No one can find you there.

In bed you can have
your own little house
for a little while—
under the blankets.

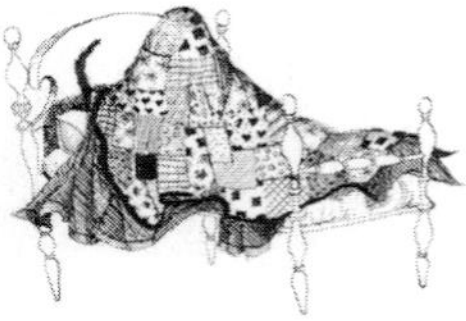

Just you and the pussy cat.

〈8〉

Sometimes
when you sit on your father's lap
and he holds you in his arms
it is just as though you are
in a little house — a little house
just for you.

And when your mother
puts her arms around you
it is just like a little
house — a little house of
your own.

You can find many little
houses. You can make
many little houses just
for you.

And this is the important
thing to remember . . .

Everyone has to have
a little house of his own.

Every boy has to have his own
little house. Every girl
should have a little house
to herself.

And one more thing is
important too . . .

〈16〉

の間、大きな雨傘のなか、ベッドカバーのなか、ダンボール箱、父さんの膝や腕のなか等、子どもたちの空想を育む魅力的な場所がたくさん描いてあります。この一冊は作者のレニエが、幼年期に台所のテーブルの下で過ごした日々の思い出に由来すると述べています。

テキストには、「あなただけの小さな家には、カーテンのついた窓または煙突、ドアをつける必要はありません」とか、「あなただけのひみつの家です」「誰もそこにいるあなたを見ることができません」「あなたと猫だけ」等、その世界が秘密に閉じられた場所であることを主張しています。実際、このような空間での子どもたちの空想遊びを描いた絵本は、かなり存在しますし、学生たちの記録のなかにもさまざまな空間が語られています。

［ケース21］いくらでも思い出せる空間（１９９５年）

その当時（６歳くらいから中学に入学して部活に入るまで）は、自分たちが遊びのなかにいたから、なにも考えずにただひたすらのめり込んでいました。しかし今思うと、みんなで協力すること、能率を考えて分担作業を思いついたこと、自然を自分の肌で感じたこと、想像力・創造力を身につけたこと、そしてなによりも子ども時代が楽しかったということが残ったと思います。

自分の家・庭・裏山、チビ（犬）、すべてがわたし自身にとってかけがえのないものになり、愛着を感じます。わたしたちは、同じようにして一つの山ででも、家のなかでも、父親が寝転がって組んでいる足に毛布を掛けたものでも、七段飾りの雛壇の後ろ側をも基地にして遊びました。他に、綺麗な色のシーツや毛布を着物の代わりにしたお姫様ごっこ、シーツにひとり誰か入って仰向けに寝て、キャンディのように包んで両端をしっかり握って大きく振ったり、回したりしてあそぶスペースシャトル。庭にスコップや棒を使って線を引き、誰かさんの家とか道路、踏切、川を作って三輪車を自動車、ロープで電車を作り、川に水を流して遊んだ町ごっこ、いくらでも思い出せます。

[ケース22] あれは間違いなく僕の「家」であった（1999年）

まず、小学校1年くらいのとき、当時1〜2歳だった弟と一緒に敷き布団の下に敷くマットレスの折り目を逆にしてテントみたいにして、これを秘密基地というか、家というか、に見立てて遊んだ。その日は決まって寒くて外が雨だったり、風が吹いていたりで、炬燵《こたつ》に入らないで寒さをしのぐにはこれが快適だった。そのなかに、おもちゃやらなにやらを持ち込んで、二人でずっと遊んでいた。家のなかにいるにもかかわらず「家」を作り出すこの見立ては、あるいは父親との関係がうまくいっていなかった僕にとってある種の夢だったのかもしれない。

「ご飯〜」という母の声が聞こえてきたが、僕はそこから出たくはなかった。僕ははっと目が覚めたような気がするが、それでもそこからすぐに出ることはしなかった。その「家」がくれる暖かさ、自分で「造り」出したという満足感、事実おとなになってからも家を「持つ」ことはできても、造るのは大工である。あれは間違いなく僕の「家」であった。それでも母の呼び声が聞こえるので、最後の最後は弟と一緒にボディプレスをかまして壊したが…。

いま、一人暮らしをしている。その家は確かに僕の家ではないが、確かに僕の空間ではある。あの頃から僕は、大げさに言えば自分の居場所を探していた。父ともうまくいってなかったし、大人はあんまり僕のことを守ってくれないだろうと思っていた。だが、僕の造った「家」は、確かに僕を受け入れてくれ、守ってくれた。本当は子ども時代の頃のことに意味づけをしたくはない。「言葉」を超越したなにかがそこに「あった」からである。だが、あえて言うとすると、その見立てにより僕は空間というものを見ていたに違いない。

さて、この遊びは、マットの大きさもたかが知れているので、その一冬以降は、僕も弟も大きくなってしまったので続かなかった。

［ケース23］防虫剤のにおいは別世界への道（１９９６年）

わたしの家には、タンス部屋というのがありひとつの部屋にタンスがいくつも無造作に置いてありました。今は家を建て替えてしまったのではっきりしませんが、窓がなく昼間でもとても暗い部屋だったと思います。わたしは、いつもその部屋が恐ろしく、そして全く別の世界があるように思っていました。わたしの家に女の子の友達が一人遊びに来ていて、母は買い物に出かけていました。わたしは、友達の女の子とその部屋を探検することに決めました。真っ暗ななか、友達と懐中電灯をもって探検しました。開きかけのタンスの扉が、怪物のように見えたことを覚えています。そして、洋服かけにかかった洋服が、体に触れたときは怪物に捕まえられそうで泣きそうになってしまいました。そのタンス部屋のなかに、縦長の長方形でビニール製の洋服入れがあり、それは使われていなかったので、それを探検の基地にしました。そこにはバリヤーがはってあって、怪物は入ることができないと決めました。

これは何回か続いたのですが、わたしのこの探検ごっこには、においがとても深く関係していたと思います。タンス部屋に入ると防虫剤のにおいや祖母の着物のにおいがして、わたしは別の世界にきたような気分になり、探検気分が高まっていきました。そして基地である洋服入れに逃げ込み、なかからすっかりチャックをしてしまうとビニール独特のなんとも言えないようなにおいがして、それは決して良いにおいとは言えないのですが、わたしはそのにおいに安心感を感じたような気がします。その探検ごっこを思い出すときは、かならずあのにおいを思い出します。

この探検ごっこは何回か続きましたが、タンス部屋が恐ろしくなくなったとき、多分小学校低学年に終わったと思います。そして、ビニールの洋服入れは、わたしの隠れ家になりました。タンスたちは、わたしを人から隠してくれる森でした。わたしはよくそこで隠れて懐中電灯を使って、本を読んだり絵を描いたりしました。たとえ子どもでも、そこはとても狭く窮屈な場所でしたが、例のにおいがわたしに安心感を与え、わたしを引きつけたのかもしれません。

この基地は、小学校中学年になって母に見つかって終わりました。学校で借りた「ちょびひげライオン」の本がどこに行ったのかわからなくなり、探しているとビニールの洋服入れから出てきて、母に「なぜ」このような場所に本があるか問われ、終わりとなりました。わたしはこの探検ごっこ、隠れ家ごっこが今のわたしにどういう物を与えてくれたのかよくわかりません。しかし、そのことを思い出したときに今でも感じるワクワクとした冒険の心や恐怖を乗り越えたことなどは、現実の世界を生きてゆく上でも通じるものであると思うし、世のなかのわからないこと不思議なことを突き止めてゆくことは、今となっても面白いことだと思います。そのような経験やそのような気持ちは、わたしのこれからの生活をとても楽しい物にしていくものだと思います。

タンスの扉を開けると、そこは異世界のファンタジーが広がる物語は数多くあります。そのなかでもとりわけ名前が知られているのは、絵本ではありませんが、ルイスの華麗なるファンタジーであるナルニア国物語です。始まりは、『ライオンと魔女』（ルイス作／瀬田貞二訳／岩波書店／１９６６）（*The Lion, The Witch, and The Wardrobe.* Clive Staples Lewis, London, William Collins Sons & Co., 1950.）であり、ひとりの少女が衣装ダンスのなかに入り込むと、そこは雪の積もる別世界となっています。最初、タンスを開けると「ぽろぽろと、しょうのう玉が二つ、ころがりでて」きますが、やがて毛皮の外套を分け入るうち「足のうらにざくざくふみつけるもの」があり、雪であることがわかります。ケース23の防虫剤は、そのにおいが別世界へと誘いますが、ルイスのそれは白いつぶつぶの樟脳が変換されて雪の積もる真夜中の森へと変わります。

さて、つぎは父の膝の上が空間となり広がる、ファンタジーの世界を見てみたいと思います。

◆『ペガサスにのって』（オズボーン作／ギャラガー絵／野中しぎ訳／偕成社／１９９３）（*Moonhorse.* Mary Pope Osborne & Sealing Gallagher, New York, Alfred A. Knopf, 1991.）

夕暮れ時のテラスで揺り椅子に座る父の膝に包まれて、少女が壮大な空想世界へ飛翔します。夕食後のベランダの揺り椅子で、主人公の少女を膝の上に乗せた父は疲れと夕闇の心地よさのせいか、うとうとと居眠りを始めます。

父が居眠りを始めたので急に寂しくなった少女は、「だから　ひとりで　ねがいごとをしてみたの」。少女の願いは、おそらく先ほどまで父が話してくれたと思われる星座への旅でしょう。揺り椅子と風のざわめきで飛び立つ鳥が融合してペガサスが誕生し、少女は夏の空へと舞い上がります。ペガサス誕生への想像の根拠も、よく描けています。第６見開きの「うまれたての　お月さまを　夜空のかなたへ

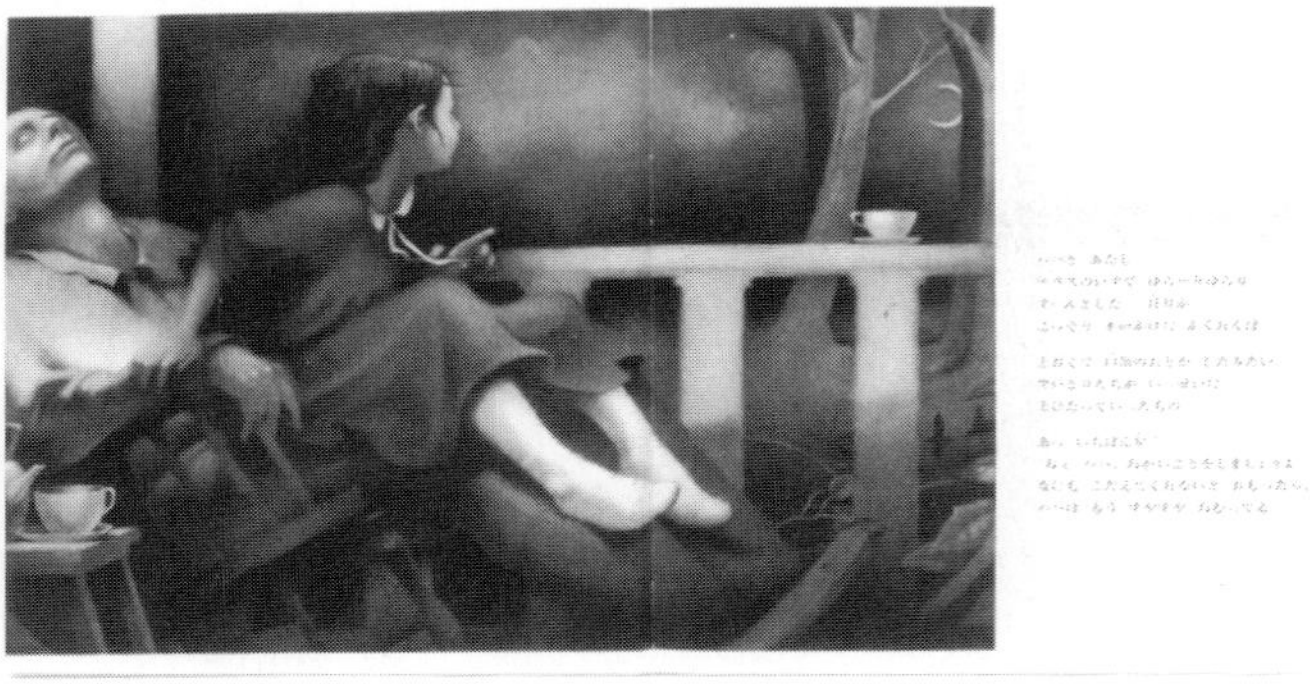

〈1〉

『ペガサスにのって』（オズボーン作／ギャラガー絵／野中しぎ訳／偕成社／1993.）より

つれていってあげましょう」のところでは、第1見開きで描かれていたコーヒーカップも星のイメージの根拠としてだぶらせて光り輝いています。

父が居眠りをしているつかの間の時間、少女は父の膝を舞台に空想の物語世界へと旅立ち帰還します。

「ねえ　おきて　パパったら　いねむりしてたのよ」
「ああ　ほんとうだ。月が　もう、あんなに　たかくなってるね」
「だって　あたしたちが　てつだってあげたんですもの」
「だれだって」
「ペガサスと　あたしよ」〔第13見開き〕

父母の膝のなかは、幼い子どもにとって一番の安全基地ですが、古来から「おはなし」や「読み聞かせ」を通して広がる豊かな想像の舞台でもありました。

オズボーンの「父と過ごした日々に」という献辞が記

〈6〉

『ペガサスにのって』（オズボーン作／ギャラガー絵／野中しぎ訳／偕成社／1993.）より

されています。このように子どもたちが愛着を示す空間（場所）には、必ずなにかの理由があります。ほどよい大きさで、ほどよく閉じられている空間がどれほど子どもたちの空想物語を育んできたのかを、おとなはもっと考えるべきでしょう。大きな木の下にござを一枚敷けば、そこは海でも、お姫様の御殿でも、自分の部屋にでも、もうどんな場所にでも変身することになります。毛布や風呂敷、たった一枚の座布団だって船になったり、島になったりと想像の世界で変幻自在に変換されます。

学生たちの回想記録を眺めていますと、絵本のなかの空想遊びのテーマのほとんどが存在することに驚かされますが、やっぱりペガサスもありました。

［ケース24］土管のなかからペガサスに乗る（１９９４）

昔、わたしがマンションに住んでいた頃自分だけの部屋というのがなかったので、マンションの一階のベランダの下がちょうど50㎝くらいの空洞になっていたので、そこを自分だけの部屋としていました。多分４歳から６歳くらいまで、そこを部屋と見立てていたと思います。かくれんぼのときや親に叱られたとき、なにか嫌なことがあったときにときどき行っていました。その空洞のなかに石でできた2mくらいの長さで、直径40㎝くらいの筒があったので、自分が昔読んでいた本や、気に入った綺麗なビー玉やおはじき、お絵かき帳等を入れていました。そして空洞のなかで寝っころがっているのを、人に見つかってしまうときは、筒のなかに入りお絵かきをしたりしていました。そこでは一人で遊んでいたのですが、小学校へ上がる直前くらいから、妹も一緒に筒のなかへ入ることになりました。筒は暗くってひんやりしていたので、筒のなかは冷蔵庫のなかやクーラーのきいた部屋に見立てていました。筒のなかにいるとき、ほとんどが目をつぶって空想ごっこをしていました。よく、想像していたのがペガサスに乗って空を飛ぶか、暗い宇宙でロケットに乗って飛ぶか、だった気がします。そのときの名残か、今でもよく夢のような空想をすることがあります。

宇宙ロケットとペガサスが想像世界で同居するとは、いかにも現代の子どもならではの面白さです。

◆『まほうのじゅうたんあそび』(ヘラー作/そのひかる訳/評論社/1995)(*The Front Hall Carpet*. Nicholas Heller, New York, Cothan Art and Literacy Agency, 1990.)

この絵本では、家中のいろいろな絨毯が少女の想像により、川・野原・白熊等に変身します。

「げんかんの　じゅうたんは　かわみたいに　あおい」〔第1見開き〕

げんかんの　じゅうたんは　かわみたいに　あおい。

〈1〉

おひるに　たべる　ニジマスを　つるの。

〈２の右画面〉

いまには　ムクムクの　しろクマが　いてね

〈６の右画面〉

アザラシや　こおりにのったペンギンに　であったりするわ。

〈７の右画面〉

『まほうのじゅうたんあそび』（ヘラー作／そのひかる訳／評論社／1995.）より

それは、青い川に変換されカヌーに乗った少女は、「おひるに　たべる　ニジマスを　つるの」〔第2見開き右画面〕。少女の想像世界が、玄関の廊下いっぱいに広がっています。

絨毯が空想の空間になり、今度は、居間のふわふわの白い絨毯は「ムクムクの白熊」に変換されます〔第6見開き右画面〕。彼女はその熊に乗り南極へ出かけ「アザラシや　こおりになったペンギンに　であったりするわ」〔第7見開き右画面〕。

第6見開きの右画面には、絨毯以外にも変身可能な魅力的な家具（ソファー・ロッキングチェアー・暖炉等）がたくさんあり、主人公の少女はおそらくさまざまな空想遊びの拠り所として使いこなしているに違いありません。

外側から見えている子どもたちの行為や断片的な言葉だけでは、なかなか理解することが不可能な子どもたちの想像世界が、こんなにも生き生きと視覚化されていると、子どもの心の柔軟さや空想遊びの飛躍の面白さを実感としてわかるようになり、子ども理解の大きな助けとなります。

［ケース25］トラの敷物はドレス（1996年）

まず、覚えているかぎりで一番昔の「ごっこ遊び」は、妹と二人でやった「お姫様ごっこ」だったと思う。まだ、二人とも幼稚園に入っていなかったと思う。離れの家の応接間でやった。棚に置かれたワイン等のビン、ふかふかした絨毯、薄暗い部屋の雰囲気が、まるでお城のような気がしていた。ソファーを女王様の座る椅子に見立てたりしていた。やはり、お姫様と言えばドレスがつきものである。姉妹二人で布団をマントのように肩に掛けずるずる引きずっていた。かなり重くて、大人から見れば布団に押しつぶされているようだったかもしれないが、当時わたしはすごいドレスを着ている気分だった。あと、トラの敷物までずるずるかぶってドレスにした。しまいにはソファーに座るクッション部分をとって「帽子」と言って頭に乗せた。そんな重いことをしてなにがお姫様なんだろうという感じだが、その重たさが、なんだか「重い」＝「豪華」「高級」というイメージだった。応接間をグチャグチャにしたことで親に叱られ、その悪行のかぎりを尽くした「お姫様ごっこ」は一回で終わったと思う。けれどあの頃感じたお城のイメージは、なんとなく心に残っている。

すでに幼稚園に入る前に、「重々しい感じは高級なもの」という文化的感性を身につけてしまっているということは、とても面白いものです。

［ケース26］ピカピカ光る廊下の表面＝川で、ボートの旅を楽しむ（１９９９年）

ここではわたし一人でしていた想像遊びのことを、取り上げたいと思います。このレポートを書くにあたって、わたしのよくしていた一人遊びのことを深く考え、自分のなかで発見があったからです。

その一人遊びは、大きな赤い洗濯カゴを使ったものでした。そのカゴに乗り手で持つ部分を漕いで、わたしはボートの冒険に出発していました。毎日のようにしていた時期もありましたが、小学校中・高学年くらいまでしていた（カゴに入れなくなるまでした）ように思います。場所は、家のなかのさまざまなところでやりました。カゴに乗ったとたん、部屋の壁は消え、わたしの想像の世界はサーッと広がりました。

しかし、家のなかの場所で世界は変わり、暗い部屋のときは「氷の世界」や「夜空の世界」、風通しのいい部屋では「熱帯の世界」が広がりました。特に廊下では、ピカピカ光る廊下の表面が川の水面のようで、わたしはすがすがしい気分で、ボートの旅を楽しみました。顔を上げると太陽の光がまぶしくて、目をつぶっていました。ボートの旅なので食料に困ります。だから、ボートから釣りをしたり、木々になっている果物をもぎ取ったり、ボートを岸に止めて買いに行ったりすることを真剣に考えていました。嫌なことがあっても、すべてを忘れて夢中になれる素敵な世界でした。

わたしが今考えるに、この世界はわたしがもった初めての自分だけの世界、誰にも知られない世界であったように思います。わたしは妹弟の一番上で、なにをするにも妹・弟が一緒でした。しかし、この世界では楽しいこと苦しいことを一人で味わうことができます。また、自分で好きなように世界が作れる反面、自分の力だけにかかっている世界とも言えます。わたしは、自分一人の世界が欲しくなったとき、この遊びをやっていたように思います。子どもでも騒がしい家族から離れ、一人になりたいときがあります。しかし、一人で家の外に出るのは寂しいし、部屋でも広すぎる。わたしは、カゴのなかという狭い範囲に自分を入れることで、寂しさを感じることなく自分の世界を楽しめたのだと思います。

わたしのこの世界も誰かがこの部屋に入ってきたとたん、消えてしまいました。特に、「カゴに入ってなにしよるん?」等と言われたときには、なぜかくやしくてたまらなくなりました。わたしは、ボートの世界に他人を誘ったことは全くないし、人に触られたくない世界だったのだと思います。

◆『パッチワークのかけぶとん』(ミン文・絵/清水奈緒子訳/セーラー出版/1991)(*The Patchwork Quilt*. Willemien Min, Rotterdam, Lemniscaat, 1990.)

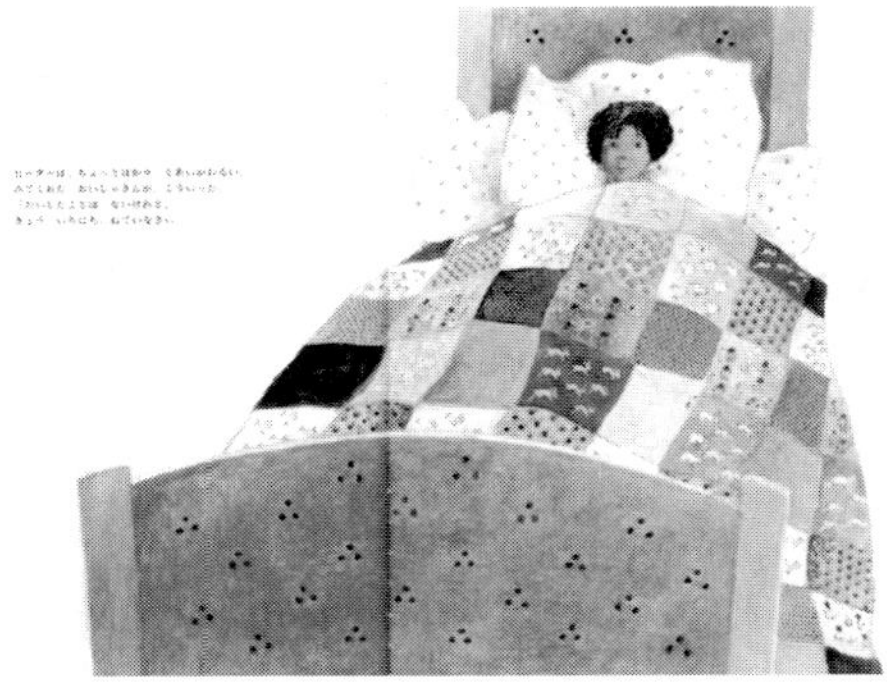

〈1〉

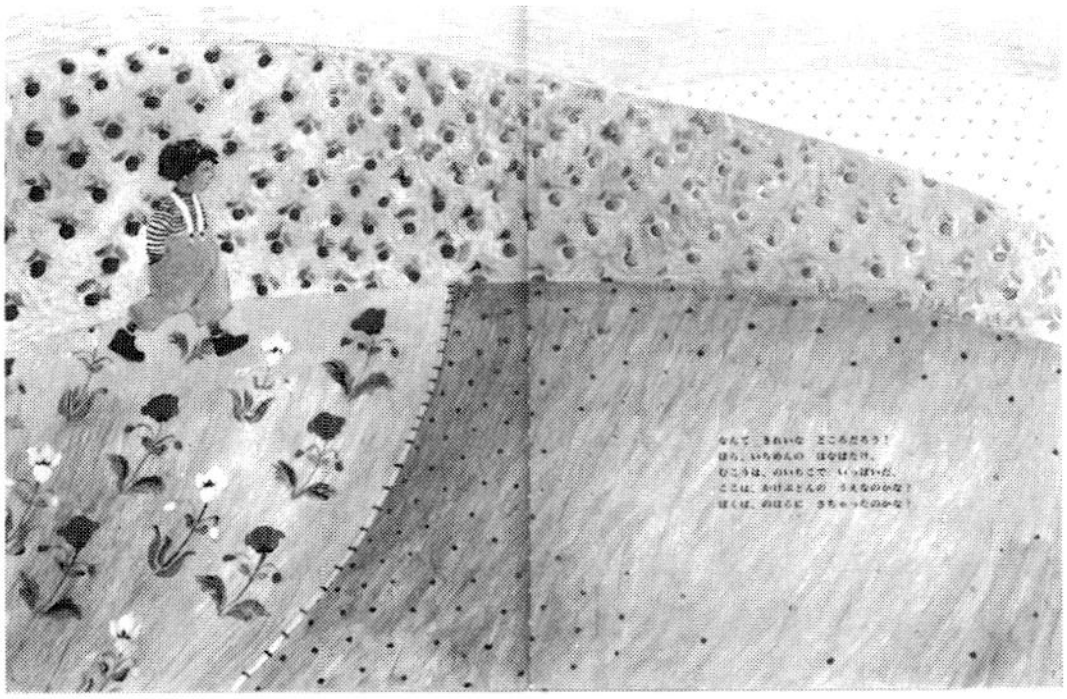

〈3〉

『パッチワークのかけぶとん』（ミン文・絵／清水奈緒子訳／セーラー出版／1991.）より

ここでは、ちょっとばかり具合の悪いピーターが「たいしたことは　ないけれど、きょう　いちにち、ねていなさい」〔第1見開き〕ということで、退屈を紛らわすためにパッチワークのひとつひとつの模様を旅しながら遊ぶ物語です。

「なんて　きれいな　ところだろう！　ほら、いちめんの　はなばたけ。むこうは、のいちごで　いっぱいだ。ここは、かけぶとんの　うえなのかな？　ぼくは、のはらに　きちゃったのかな？」〔第3見開き〕。

パッチワークは、眠れぬ夜、子どもたちの空想空間の入り口になることがよく知られています。

◆*The Tunnel*（Anthony Brown, New York, Alfred A. Knopf, 1989.）

これは、諍いばかりしている兄妹が、公園のトンネルのなかでの空想世界をくぐり抜けることで和解する物語です。暗やみの恐怖のなかで引き起こされた空想世界の根拠は、妹の愛読書の絵本が鍵を握っています。絵本は、子どもたちの空想遊びにおいても物語づくりの素材になることが、よく知られています。日常生活のなかでも、子どもたちは狭い穴蔵や箱や土管等は大好きです。

この他にも絵によるメタファーを巧みに使った空想遊びの絵本はありますが、ここではこれ以上取り上げません。

5　この章のおわりに
――子どもの空想遊びの論理と解釈を絵で表すことの可能性

外側からは見ることのできない子どもの空想世界を巧みにすくい上げ、解釈した絵本の数々を眺めてきました。前述したように遊びを外側からほほえましく楽しく描いた絵本は多いのですが、子どもたちの空想遊びの内面に深く切り込み、空想遊びの構造を鮮やかに描いた空想遊び絵本（ファンタジー絵本）はそれほど多くはありません。イーゴフは、センダックの絵本を、ファンタジー絵本（fantasy picture book)として解説しつつ、このように述べています。

「ファンタジストそのものが、子どものような資質をもっている。彼らはストーリーテリングを好む。しかしながらもっとも大切なことは、彼らが子どもたちの特性――好奇心、驚くことの感性、途方もないことを好むこと、勇気と正直さで物事の本質を見る能力があること――に敬意をはらうことである。ファンタジストは、そのような望ましい性質は幼児期の終わりとともに喪われるべきではなく、それはすべての成熟した感性豊かなおとなにも必要なものである」(12)

そのセンダックは、彼が創り上げた『かいじゅうたちのいるところ』の主人公マックスについてつぎのように述べています。

「マックスは私が創造したうちでもっとも勇敢な、それゆえ私がだれよりも愛している人物です。子どもはみんなそうですが、彼も空想と現実が柔軟に混じり合った世界を信じています。子どもたちはこの二つの領域がともに実在することを確信しきって、一方から他方へぴょんと渡ったり、またもどってきたりするのです。私が彼を特別愛しているのは、ひとつには物事に直接ぶつかっていくその性質のためです。マックスはぐずぐずしたりはしません。彼は超音速ジェット機のように物事の確信に飛び込んでいきますが、そうした性格は視覚的単純さを必要とする絵本には実に具合がいいのです」(13)

しかし「超音速ジェット機」のように二つの世界を行き来する子どもの空想世界を、どのようにしたら継ぎ目の見えない調和のとれたひとつの世界としてまとめ上げることができるのでしょう。絵本は、めくることにより成立するイメージの連続世界です。そしてファンタジーの世界の論理は、想像力の飛躍が命です。事実、ファンタジー作家としてその地位を確立している作家のトールキンは、絵画によるファンタジーに疑義を表しています。

「人間の芸術のなかで『空想』は言語に、真の文学にまかせるのが一番です。たとえば絵画においては、空想的心像を目に見えるように表すことは、技術的に簡単すぎます。手が精神をおいこし、ときにそれを投げ捨ててしまうことすらあります」(14)

空想的なイメージを単に目に見えるようなかたちで表すだけならば、確かに技術的には簡単です。たとえば、テレビのアニメーション等も、その変身が根拠もなく荒唐無稽なときは、見ていてその変化にはある種の「おかしさ」があるものの、その組立構図のあまりの軽さに最後は白けてしまうことがあります。

確かにトールキンの言うように、絵画によるファンタジーにおいては画家の「手が精神を追いこし」、「馬鹿げたものや、病的なもの」が現れかねないことは、充分に了解できます。トールキンがこのエッセイの初版を出したのが１９４７年、センダックが『かいじゅう』を生み出したのが１９６３年です。トールキンは１９７１年にこの世を去っています。もし、彼が生前に『かいじゅう』を見ていたら――それは十分に考えられることですが――前言は翻されたのではないかと思います。

子どもたちの空想遊びの世界を描いて優れた画家・作家は、イーゴフの言うように単に子ども時代に体験したさまざまなことを想起することに優れていたり、それを生き生きと表現する能力をもっているだけではありません。それだけならば、もっと他にも数多くのおとなたちが存在するでしょう。実際、学生たちの回想記録のなかにも驚いたり、感心するようなケースが少なからずありました。

そうではなく、こうあって欲しい自分や状況と今ある現実との間の壮大なギャップを、子どもたちが遊びという行為を通してどのようにつなぎ合わせていくのか、その過程で育まれ成熟していくものはなになのかを認識し、意味づけることのできる人でなければなりません。現在の手持ちの事物・知識、想像力だけで一気に理想とするものを実現させてしまう遊びという行為、そこで使われる情熱・創意工夫・人間関係の調整能力等が、その後の人生においてどれくらい大切な役割を果たすものなのかを知っている人でなければなりません。

優れた作家や画家は、子どもおよび子ども時代のみがもたらすものの価値をよく知っています。子ども時代だけに経験できる楽しさ、驚き、悲しみ、嫉妬等の感情体験や、ごく普通の生活から生じるさまざまな事件のなかから、もっとも典型的なものを文学作品として提示します。しかし、それが子どもの発達にとってどのように意味があるかというようなメッセージは、決して付け加えたりはしません。このような絵本を読むとき、多くのおとなは、それらをただの子ども時代の懐かしい思い出として評価するだけかもしれません。それはそれで、絵本の楽しみ方のひとつですが、同時にその絵本の世界と重ね合わせながら自分自身の子ども時代をもう一度再生させ、現在の自分と対話することはもっと楽しさの質を深めるのではないでしょうか。その過程は、現在の自分がどのような道を辿り、今ここにいるのかを知ることでもあり、子ども時代のエピソード記憶から生じる楽しさは充実感や幸福感をもたらします。

この章の最初にひいたセンダックの言葉のように、「生きている事実に根ざす」ことのないファンタジーには、やはり面白さにも不思議さにも重みがありません。それと同じように、子どもの空想遊びの複雑さや面白さも、時間と空間がどれほど子どもたちの支配と管理に任されているかにより決まります。

『大あらし』では、兄弟の豊かな好奇心や知識、科学的な認識の深さが遊びの背景にあることが、きっちりと示されていました。『はらっぱにライオンがいるよ』では、ライオンに憧れながらも自分の想像が生み出したライオンのリアリティに恐怖を感じてしまった少年が描かれています。

その他の絵本についても、読み手の子ども時代の経験を重ね合わせることで引き出されてくる意味ある世界が、幾層にも内包されていました。それらの具体例の一部が、学生たちの回想記録に現れていると考えても間違いないでしょう。

この章では、子どもの空想世界が目に見えるように「事実に根ざして」描かれている絵本を選択しました。ですから、子どもたちが現実のなにをどのように見立て、自分たちの心から欲する世界をどのような知的・情緒的水準で組み立てているかが、よく理解できました。子どもたちの「ごっこの世界」を外側から漠然とした印象で眺めることが多い親や保育者が、このようにていねいな絵画による遊びの解釈を眺めると、子どもたちの遊びがもたらすものの重要さがより確かなものとして認識されるのではないでしょうか。

第5章　自分のなかに発達を読む

こうして、われわれはふたたび、逆説的な結果——かくもファンタジーの存在する遊びの諸要素のなかに、まったく空想的要素がみられない、という結果——にたどりつくことになる。

レオンチェフ『ごっこ遊びの世界』より

1　読み手と絵本

この章のタイトルは、ドイツ中世史の研究者・阿部謹也が「学問の第一歩は、ものごころついたころから現在までの自己形成の歩みを、たんねんに掘り起こしてゆくことにある」(1)と述べているのに出会うことにより浮かび上がったものです。

阿部は「学問とは自覚的に生きることである」(2)とし、それは自らの内面を観察し記述することからはじまると言います。さらに日本の歴史家が、「歴史というものを自分の外に流れてゆく時間や物事、そして社会の動きとしてとらえようとする傾向があって、自分の意識や存在そのものが歴史のなかにあるということをきちんと把握し、分析した人はひじょうに少なかったのではないか」(3)とも述べています。

わたしは、この阿部の歴史研究への視点はそのまま「歴史」を「発達」に読み替えることが可能であり、発達の研究者のみならず、自覚的に生きようとするならば、すべての人は「自分の中に発達を読む」ことが必要なのではないかと思います。

最初、絵本心理学という構想をもったときは、第2章に述べたような「絵本データベース」を基礎に、第3章や第4章に示したような絵本を提示しつつ、それらの絵本のなかの「発達観」を分析・考察するつもりでした。実際、そのような構成ですでに論文も書きました(4)。

しかし、あるときふとこのような子どもの心を描いた優れた絵本は、読み手自身にも自らの子ども時代を振り返る機会を与え、「自分の中に発達を読む」ことを、より豊かに可能にするのではないかと考えついたのです。

近年、「発達」という言葉は、子どもについて考えるための最も重要なキーワードとなり、現在では子どもの発達について考えるための研究書や啓蒙書は数多く出版されています。それらの書物はもちろん発達を考える上で大いに参考にはなると思うのですが、しかし、それはあくまでも一般的・普遍的な発達の道筋を述べたものです。大切なことは、それらの発達論を参考にしつつも、やはり基本的にはひとりひとりが自らの人生の解釈や意味づけを自覚的に行うことでしょう。自分の人生は、自分だけのものであり、それがいかに権威づけられたものであっても、他者の作った発達の解釈や道筋に自分自身を無理に沿わせることは、決して好ましいとは思えないのです。

また、「自分の中に発達を読む」というような自己の内奥を掘り起こす作業は、それほど簡単なこととは思えないのですが、親や教師等、子どもと深く関わる立場の人には避けて通ることはできないものだと思われます。なぜならば、複雑な発達の様相をもつ子どもたちとつき合うためには、彼女（彼）らを理解・解釈するだけの能力を自らがもたなければならないからです。ポランニーは、そのことを「生き物の能力について観察することは、その観察のために依拠する同種の能力と呼応するものでなければならないのだ」(5)と明快に述べています。

わたしは１９９４年度からわたしが担当する学部1年生の講義「保育内容の研究（言葉）」の時間に、言葉（象徴機能）の発達と子どもの遊びとの関わりで、学生たちに自らの子ども時代のごっこ遊びについての回想記録（レポート・自由記述）を課してきました。受講者は、毎年ほぼ80人～90人の間です。最初の三年間は、たとえ絵本を取り上げても、幼児の言葉の発達を促す一教材としての絵本という扱いでした。そして、「空想遊び」（imaginary play, pretend play, fantasy play 等の概念を含む）を描いた絵本を事前に読む（テキストにする）という機会が与えられるならば、学生たちのレポートの内容にどのような違いが生じるのかに興味をもち、テキストとなる絵本を厳密に選定することにより調査を本格的に始めたのは、１９９７年度からでした。

学生たちに事前に提示するために選択した絵本は、第4章ですでに紹介したセンダックの『かいじゅうたちのいるところ』、ウィーズナーの『大あらし』、それにワイルドの『ぼくのへやにうみがある』を中心にしましたが、補足的なものとして『*Will's Mammoth*』や『まほうのじゅうたんあそび』等を、ごく断片的に見せました。そして、１９９７年度以降の学生たちには、やはり第4章で述べたように、（１）遊び空間の所在、（２）空想遊びの入り口と出口、（３）変換（transformation）、（４）「ふり」の成立条件等の解説を、授業時間一コマ分（一時間半）を使いていねいに行いました。絵本の提示を本格的に始めた１９９７年度の学生の回想記録と、１９９４年度のそれを比較した結果については別に発表していますのでここでは割愛します(6)。

わたしが、事前に絵本を提示することにより自らの子ども時代の「発達を読む」こと――つまり、自分自身で子ども時代のごっこ遊びを回想し、そこで培われ、育ったものがどのようなものだったのかを解釈・意味づけること――が促進されると仮定した四領域は、つぎのようなものでした。それは、

１　幸福の感情
２　知識・生活の知恵・創造力
３　人間関係
４　人生を意味づけること・人生観・人生哲学

このときの調査結果では、事前に絵本を提示・解説されたグループ（学生）の方が「幸福の感情」「人間関係」「人生を意味づけること・人生観・創造力」の三領域で、量的にはより多彩な「語り」を展開していました。

しかし、その具体的な内容をめぐる質的な問題になると、ことはそれほど単純ではありません。いくら事前に想起を促すための「空想遊び絵本」を提示しても、学生自身が子ども時代に充分に遊んだ経験がなければ、ほとんど語るべきものが見あたらないからです。そこで、１９９９年度は、「空想遊び絵本」を事前に提示することは学生たちが子ども時代のごっこ遊びを想起するのに、どの程度効果があっ

たのかをダイレクトにたずねてみました。

２　「空想遊び絵本」の提示は、回想記録にどのような影響を与えたか

学生たちには、言葉（シンボル）の発達において重要な働きをする子ども時代のごっこ遊びについて回想するとき、「空想遊び」絵本の提示は教材として有効であったか、という質問をしました。１９９９年度の対象人数は、85人でした。

結果はつぎのとおりです。

（１）大変参考になった　29人（34・１％）
（２）少し参考になった　41人（48・２％）
（３）特に影響はなかった　10人（11・８％）
（４）絵本の内容に引きずられた回想になってしまった　５人（５・９％）
（５）絵本抜きで言葉だけの説明の方がよい　０人

具体的な理由を、少し引用してみます。

(1) 大変参考になった

A 「空想遊び」絵本を見たとき、小さい頃に「ごっこ遊び」をしたときの想像した感じや、そのときの緊張感をふっと思い出しました。今考えると笑ってしまうようなことがほとんどですが、あのときの真剣な気持ちが懐かしく思えました。私のように思い出す人も、あまり思い出せない人もいるかもしれませんが、私は紹介された「空想遊び」絵本のお陰で思い出すことができました。

B 最初に、空想(ごっこ)遊びを言葉で説明されたとき、「え、それってどんなものなんだろう?」とわかりづらく、イメージも膨らまなかったのですが、実際に具体的な例として見せていただいた絵本によって、「そう言えば私も…」と回想することができたからいいです。言葉での説明と絵本の提示は、両方あった方が理解しやすいと思いました。

(2) 少し参考になった

C この授業で初めてごっこ遊びについて詳しく思い出す機会に出合い、その上で絵本は少し参考になった。本当はもっとごっこ遊びをしていたのだと思うと、すごく思い出したくて仕方なくなったことがあった。

D 昔の頃したごっこ遊びは、記憶の片隅に眠っていた。でも、絵本を見ることで昔の記憶がよみがえり、また幼い頃のように空想する楽しみを思い出し、空想にふけることが起こるようになった。

E どんな遊びをやっていたか、思い出すきっかけとして言葉だけというよりは、絵本があった方がいいと思った。思い出すのに相当時間がかかったので、もう少し違うパターンも紹介して欲しい。

F　そんな感じだったなという感覚を、思い出すきっかけになった。深くしまい込んだものを引っぱり出すには、言葉だけではなく感覚的なイメージのようなものが思い出す役に立つと思う。ただ、「大変参考になった」にしなかったのは、絵本に似たようなことがあったら、すぐにイメージがつかめるが、あまりにも自分がしていた遊びと違うと、イメージを得るのは難しいと思ったからである。

（3）特に影響はなかった

G　絵本提示でいろいろな空想遊びがあるんだなあ、とは思ったけれども、自分のなかに印象に残る空想遊びがすでにあったので、特に影響はありませんでした。

H　授業で見た絵本のような空想遊びは、したことがなかったから。全然違っていたので特に影響はありませんでした。

（4）絵本の内容に引きずられた回想になってしまった

I　回想するときに「あの絵本のようなすごい空想はなかっただろうか」と、かなり悩んだ。あのような例を示さない方が、スクスクと回想できると思う。

J　頭の中に絵本の内容が残ってしまって、記憶に薄くしか残っていないのに、それが思い出せなくなってしまった。発想の方向が決まってしまった。

K　怪獣ごっこをしたマックスの絵本がありましたが、あの絵本にはどうしても同調できませんでした。あまりにも複雑すぎてどうして寝室にあのような世界ができていったのか理解しがたく、マックスには自分の世界があるのだな、というぐらいしか感じることができませんでした。

L　記憶はあいまいなところがたくさんあるので、絵本の提示や先生の説明を聞いているうちに「そうなのか」と、自分の記憶を勝手に作っているような気がした。自分でも思いだしているのか作っているのかわからなくなります。先生が説明なさっていることは、実際、先生自身が記憶にあるものなのですか。もし、研究や本で読まれたことなら、本当の子どもの世界は大人にはもうわからないことではないかと思います。先生は私たちのレポート等を読まれて、「ああ、やっぱりそうなのか」とお思いになるかもしれませんが、私たちの記憶は授業中の先生の発言に左右されている部分があるから、先生の思ったとおりの結果が返ってくるのも当然ではないかと思います。

さて、70人（82・3％）の学生たちが何らかの形で「参考になった」と述べていて、とくに（1）「大変参考になった」と（2）「少し参考になった」の間の理由記述には、ほとんど内容的に差異のないものもありました。まさに、子ども時代の遊びの回想というさまざまに複雑な要因を含む対象についての研究の難しさとも言えます。ひとつには、回想はできてもそれを自己分析、解釈し語る（記述）ことの問題の難しさもあるでしょう。また、少しきっかけを与えればよみがえる印象深い記憶もあれば、かぎりなく同じ内容に近い絵本に触発されなければ想起ができないものもあるかもしれません。Eの「もう少し違うパターンも紹介して欲しい」という意見のなかに、そのことは反映されています。

また、（3）「特に影響はなかった」は、日常的に子どもの頃の経験や感情が「内なる子ども」として定着し絶えず現在の自分とつながっているため、とくに努力して思い出す必要はないのかもしれません。

しかし、そうであっても「特に影響はなかった」と述べた学生が、とりわけ印象深い子ども時代に特徴的な（これもまた、曖昧ではあるが）ごっこ遊びについて記述しているのかというと、それもまた別の話です。

一番傾聴すべきは、最後の学生Lの「自分でも思いだしているのか作っているのかわからなくなります」という、率直な発言です。幼児期の空想と現実のいり混じった異次元混合世界は、のちほど述べるように、どんな比喩を使っても現在のおとなが経験できうる「なにか」と照合することが困難なのです。ましていわんや遙か昔の異次元のなかにあった自らの遊び記憶を、整然とした形で表現された絵本の世界で見せつけられると、「本当にあったことなのか、なかったことなのか」と二重の困惑が引き起こされることは想像に難くありません。逆に言えば、それくらいLさんは私の課題の中に真剣に入り込んでしまったということかもしれません。それゆえ、私が学生に与えた課題の意図とその結果に懸念を示しているのです。しかし、彼女のように「本当の子どもの世界は大人にはもうわからない」と言い放ってしまうと、多くの子どもについての研究者は失業するしかありません。特に今回のように「語り」という手法によって、しかも回想という形でごっこ遊びや空想遊びに迫ろうとするとき、幾重にも曖昧で、不確かな要因が含まれてこざるをえません。第１章のところでも中村雄二郎の「臨床の知」で引用したように、「個々の場合や場所を重視して深層の現実にかかわり、世界や他者がわれわれに示す隠された意味を相互行為のうちに読みとり、捉える」ことを、継続的に行うしかありません。

では、そのLさん自身のごっこ遊びの回想記録はどうなのかと読んでみたところ、私が例示した絵本とは全く異なった、しかも他の学生にもよく見られる子ども時代のごっこ遊びが記述されていました。

彼女は、幼稚園や小学校の子どもが持つ小さい黄色いカサを何本も広げて重ね（ここでは楽しいイラストも入っている）、5、6人が入り込み、実際は「身動きもとれない状態」だったにもかかわらず「とても安全な所」にいるような気がして、「おばけがきても、宇宙人に侵略されても大丈夫という気がしてならなかった」と語っています。「私はその家をカサの家と知りながら、空想の世界に入ったとたんカサでできているとは考えもしなかったように思う」とも述べています。

私は、この彼女の記述内容はやっぱり「事実」だと思います。なぜならば「絵本データベース」の主題にも、「手袋・帽子・靴下・傘・マフラー等と遊ぶ」を入れたように、傘は歴史的に見ても国を超えてごっこ遊びや空想遊び絵本の定番でもあるからです。

さて、つぎに彼女が指摘した「私達の記憶は授業中の先生の発言に左右されている部分があるから、先生の思ったとおりの結果が返ってくるのも当然です」という疑惑に答えねばなりません。

わたしは、ごっこ遊びの回想と絵本を組み合わせるという前例のない研究を、当然のことながら最初は手探りで始めました。そして、第4章ですでに述べたようにそこで語られた学生たちの回想記録のあるものは、私の予想をはるかに超えた――というより予想もしなかった未知の空想遊びの構図を示していました。私は、収集された約600枚に及ぶ記録をまだこのような視点から丹念に整理したわけではありませんが、全体総数の約30％くらいは見立ての断片的な記述に止まり、約40％くらいがどの年度にも現れるごっこ遊びの内容をもち、残りの約30％くらいが記述者自身にしかとうていわからない子ども時代の独自なごっこ遊びや空想遊びの世界が展開されていたように思います。

そのことをもう少し詳しくわかっていただくために、1998年度には試行的（書いてみたいと思う学生にのみ）に、1999年度からは受講生全員に本格的に実施した、ごっこ遊びのときの彼女（彼）ら自身の「メタ表象」の回想記録を紹介してみたいと思います。

3　子ども時代のごっこ遊びにおいて、ごっこの世界と現実はどのように捉えられていたのか

子どもたちは、ごっこ遊びを行いつつ、同時にそれが「現実ではなく虚構世界である」と認識しているのでしょうか。もしかしたら、この質問の立て方すら間違っているのかもしれません。たとえば、石ころをお金と見立てつつ、同時にこれは石ころであるとわかっているというような「メタ表象」に関わる記述は、私が特に質問しなくても学生たちの回想記録の中に、彼女（彼）ら自身の解釈をともなって、今までにも出現していました。

そこで1998年度と1999年度には、4月の講義が開始されてから二か月を経た6月にまず、ごっこ遊びのレポートを書いてもらい、講義の修了する7月の末に6月に書いた遊びの回想記録にそって、見立てているモノや振りの世界は現実の物や人との関わりでどのように自分自身の中で認識されていたのかを書いてもらいました。学生たちの記述は、自分自身が子ども時代に入りこんでいた「その世界」を、どうやったら正確に伝えられるのか、もどかしさに七転八倒のあとを伺わせるような語りもあり、読んでいる私自身もこの記録をどのように分類したものかと（できるかどうかもわからない）、考えこ

んでしまいました。そこで、現在の時点で私の感じるままに、レポートを引用してみたいと思います。

（1）ある物や状況の意味づけを、願望（あこがれ）と現実の二つの視点から自在に反転させる

この範疇《はんちゅう》に入る表現は、かなり多くありました。それを概念として括るとき「二重の視点」なのか「表裏」なのかさまざまに考えたのですが、最終的にはごっこ遊びにおける「表象の反転現象」という概念にたどりつきました。これは、有名な「ルビンの杯」に見られるように、同一図形のなかで白い領域が図となって杯に見えたり、黒い領域が図となって向かい合った人の横顔に見えるというような「図－地反転図形」からヒントを得たものです。

［ケース27］見立てているモノと現実の物はすべて同じでも違ってもいませんでした（1999年）

私は幼い頃、冒険ごっこをしていました。冒険ごっこは身近にあるものをジャングルや海に見立てて、友達5～6人と冒険するといったものでした。まず、大きな岩に乗ってそれを船に見立てて、海を航海しました。このときもちろん岩は船のように動きませんし、形も船には到底見えません。でも、その岩に乗っているとき、私は本当に航海していました。

小さいけれど航海するのには充分な船に乗って、仲間の乗組員と協力して冒険していました。実際は、船から落ちても海におぼれることもなく、サメに食べられる恐れもないのに、船から落ちると本当に怖くてすぐ船に飛び乗っていました。私にとって岩は本当に船であり、地面は海でした。見えているものはそれとは違っていましたが、そのときは夢を見ているように本当のことのように思っていました。本当は岩と地面だとわかっていました。でも、そう信じたかったし遊んでいるときは夢中で現実の世界を考えることはほとんどありませんでした。考える必要もありませんでした。
でも、これが人を傷つけるとなったら、話は別でした。航海やジャングルで冒険するとき、必ず敵が現れました。もし、それを敵だと思って攻撃したら、敵役の子は傷ついてしまいます。そのときだけは、夢から覚めていました。このときはお互いにお芝居をするのでした。そして、危機を逃れたら、また冒険の世界へ入っていくのです。見立てているモノと現実の物はすべて同じでも違ってもいませんでした。どちらも都合のいいように解釈していました。
でも本当は、すべて想像の世界へ入りたかったです。どこかでブレーキをかけているのが不満でした。最後に現実に戻ったときとても寂しい気持ちでした。一度でもいいからすべて想像の世界に入りたいと思っていました。

このケースでは、おとなが意味づける現実よりも、子どもたちにとってはごっ遊びのなかで創り上げた（意味づけた）「現実」とその世界に属するルールのほうが優位であり、ごっこのルールのもとに懸命に自己の行為を制御している様子がありありとうかがえます。

［ケース28］目の前のものはただの電卓であって電卓ではなく、自分の部屋であって自分の部屋ではなかったのです（１９９９年）

まず、そのごっこのなかで使うお金は二人でボール紙を切って、５００円とか１０００円とか書いて作りました。それから一番の憧れだった〝レジ〟は、小さな箱の上に電卓を置いて、それらしく見立てました。あとは、美容院でよくある〝ジャンプー券〟や〝パーマ券〟を作って、レジのときに「またお使い下さいね」なんて言いながら渡したりしました。あのごっこ遊びは○○屋さんごっこというよりは、単にレジを扱うしぐさをしたかっただけという気がしました。

私も姉も「500円のにんじんと（高い！）、300円の本と…」なんて言いながら、口で「ピッ、ピッ、ピッ」と、レジの音を出して必死に電卓を操作していたのです。レジを打つ→お金をもらう→お釣りを渡す。ただそれだけのことが、あの頃は一番興味があって、一番ワクワクしたことでした。「将来、レジを使う仕事なら何でもいいからしたいなあ！」なんて言い合っていました。

ただ、やはりお金はボール紙に字が書かれただけのただの紙で、レジもただの箱に電卓が乗っているだけのものでした。それは、はっきりとわかり切っていることでしたが、それでも私たちにはまぎれもない〝レジ〟であり〝お金〟であったのです。今思うと、何であんなちゃちなものを本物としてあそべたのだろうと思いますが、それは子どもの想像力（または、創造力としても良いでしょう）のたまものだと思います。目の前のものはただの電卓であって電卓ではなく、自分の部屋であって部屋ではなかったのです。（波線は本人が引いたもの。…筆者注）その関係を言葉で表現するのはとても難しいのですが、この言い方が一番それを表現できていると、私は思います。

このケースは、ひたすらレジを操作するという一見単純なレベルの願望にもとづくごっこ遊びのように見えます。しかし、この操作の単純さはカップで砂のプリンを作ったり、車の運転をするために積み木のハンドルを動かすといった単純さとは、やや異なっているように思われます。実際に使われている道具も電卓であり、スーパーマーケットでお金をやりとりするといったような、もっと複雑な人間関係や社会性をおびた高い水準のごっこ遊びへの入り口であるように思われます。操作の単純さは、必ずしも遊びの単純さにはつながらないのではないでしょうか。

［ケース29］決して現実の物を忘れているわけでなく、二つのことを同時に見ているのだと私は思います（１９９９年）

私はごっこ遊びをしていたとき、公園の遊具をジャングルに見立てて遊んでいました。たとえばすべり台を滝、ジャングルジムを秘密基地等に見立てていました。わたしは遊びながらいろんなものを見立てつつも、心のなかでは現実の物を意識していたと思います。意識しなければ、見立てはできないように思います。なぜならば、見立てるものと見立てられる物には必ず何か共通点があることを見つけなければならないからです。私がごっこ遊びをしていたときは、このような共通点をうまく使っていたと思います。

すべり台を滝と見立てるのは、すべり台の形と滝の形が似ていることや、水色のすべり台だったので水が本当に流れている感じがすることをわかって始まったのでしょう。他の遊具も遊具の特徴を感じ取って、その特徴が共通するものに見立てていました。この特徴を感じとるということは、私は現実の遊具を見つめていたから感じたのだと思います。

子どもは見立てている物の特徴と、見立てられているものの特徴の両方を見つめることで、いろんな知識を吸収している。ごっこ遊びをしているからといって、決して現実の物を忘れているわけではなく、二つのことを同時に見ているのだと私は思います。

ある物や状況を別のものに見立てることは、決して無原則に行われるものではないことが、前述の三人の記述からよくわかります。とくに、ケース29の学生はすべり台が現実世界（おとなの世界）では遊具として扱われること（一般的表象）と、その遊具のなかからある特徴を取り出し、それをもとにごっこの世界では独自の意味表象のもとづく滝を創りだしていることの両方が、自分ではわかっていたと述べています。

幼い子どもの場合、なってみたい自分や強烈なあこがれの世界がひらめくと、周辺の物や状況を「あこがれの物語」にそって見立てたり、組み替えてしまう作業が行われます。その場合、子ども自身の欲望が優先することもあれば、環境が誘発することもあるでしょう。調子よくいけば一気に満足する世界ができ上がることもあるでしょうし、ときには大変な労力と時間を使って長期にわたることもあるでしょう。

前述の「表象の反転現象」で説明すると、すべり台のなだらかな形や水色の流れるような表象から一気に滝が出現し、しばらくはすべり台本来の表象は背景へと後退してしまいます。それはすべり台という遊具があって初めて生まれることが可能な想像世界（滝）であり、したがって現実の滝をすべり台と見立てる逆の変換も十分可能なわけです。

おとなであればすべり台はあくまで疑いの余地のないすべり台であり、強固に形成された（囚われた）表象とその意味概念は揺らぎません。しかし、幼い子どもの場合、現実（おとな）の意味づけよりも、願望にもとづく意味づけのほうがもっと強いわけですから、ひとつの物や状況はあるルールをもって多義的に反転したり変換させられたりするのでしょう。

ヴィゴツキーは、このようなごっこ遊びの特徴を言葉（シンボル）の発生という視点から「あるモノが他のモノの名前を奪いとる」ことであり、意味というものを物から分離し、それを操作することの過渡的段階であるとしています。しかし、「遊びのなかでは、子どもはモノから切り離された意味を操作するが、その操作は現実のモノを扱う現実的行為から切り離されてはいない」(7)と述べています。

つまり、ケース27であれば子どもは現実の船から船の意味概念を分離し、それを身近にある大きな岩に転移させるのです。子どもがその時点で形成していた船の意味概念は、物的支え（大きな岩）がなければ、せっかく作られた意味は逃げだし、蒸発するというのです。

では、ごっこ遊びの間、同じ物が「ごっこ」と現実の間で反転することは、子ども自身にどのように認識されていたのでしょうか。

(2) ごっこの世界と現実の間で反転する表象は、さまざまな条件によって変化する

［ケース30］夢中になっている時でも10％くらいは空想なんだという意識はある（１９９９年）

わたしの場合、見立てている物と現実の物は頭のスミでちゃんと区別していたように思う。たとえば、二カ国語の話せる人が言葉を使い分けられるような感じ。ここは押入のなかだけど、今は宇宙空間というようにパッと頭のなかのチャンネルが変わる。夢中になっている時でも10％くらいは、これは空想なんだという意識がある。もっと低い段階だと（レベルがあるかどうかは不明だが、一応）、砂で作った団子を並べて売り買いしても実際に食べるなんてことはまずなかったし、これは団子だけど砂とちゃんとわかっていた。だけどお友達と遊んでいるときは団子なのだ。見知らぬ人から投げつけられて壊され

たりすると、「食べ物を粗末にするな」ぐらいは思ったし、泣く勢いだった。そのくせ遊びが終了すると、自分で叩きつけて壊す。子どもは、自分勝手な生き物だ。

［ケース31］石ころが本物のお金に見えてくることはなかったが、ドロ水は私にとってコーヒーだった（1998年）

いくら遊びに熱中しているからといってドロ水を飲んでしまうのと同じように、石ころが本物のお金に見えてくるということはなかった。石ころは石ころ、お金はお金だったと思う。しかし、ドロ水は私にとってコーヒーだった。この差はとても不思議に思う。石ころは拾っただけだけど、ドロ水は一生懸命に作ったという意識が私のなかにあったのだろうと思う。石ころは、コーヒーをもらうための手段であった。

［ケース32］色紙のお金は社会で使えないだけでなく、違うメンバーでも使えないものだとみんな思っていた（1999年）

色紙のお金は社会で使えないだけでなく、違うメンバーで遊びをするときにも、使えないものだとみんな思っていた。

普通お金をいろいろな場所に、そのままにおいておいたりはしない。子どもといってもそれくらいのことはわかる。しかし、この「お店ごっこ」で使っていたお金はいつも、友達の家に置きっぱなしにしていた。

［ケース33］私のなかで「お金」と「石ころ」は、その時に対応する人により違いました（１９９８年）

あの当時遊んでいる間だけは、私と友達の間では「お金」で通じる世界だったのです。そこに母親がきたら、それは「石ころ」なのです。私と母の世界では。自分でも、今自分は違う世界に入っているということもわかっています。遊んでいるときに母親が用事で話しかけてきたら、すぐに現実の世界に戻って、というより頭を切り替えて母と話したでしょう。それが終わると又すぐに友達の世界に入ることができました。だから、私のなかで「お金」と「石ころ」は、その時に対応する人によって違うけれど、遊んでいるときは「石ころ」は私のなかで二つの意味をもっていました。

この「お金」については、その社会的価値が非常に人工的・抽象的であるために、他の具体物を何かに見立てるときよりやや異なった多様な現象が見られました。後ほどのケースに出てくるように「本当にお金そのものと思った」から「単なる代用品」というものもあれば、本物のお金（お小遣い50円）を「お店ごっこ」で使ってお友達にあげてしまい、「親にかなり厳しく叱られた」というものもありました。

子どものごっこ遊びはよく「現実も空想もごちゃごちゃ」という言い方がされますが、一般的には子どもが定めた厳密なルールがあって決してそのようなことはありません。しかし、あえて言うならばこの最後の「本物のお金をあげてしまった」というケースが、それに当てはまるかもしれません。なぜならば、先ほどヴィゴツキーを引用して述べたように、現実のお金の意味概念がしっかりと獲得されていないままに、ごっこの世界へと持ちこまれているからです。

[ケース34] 見立て遊びは〝これは遊びだから〟という中途半端なものではなくかぎりなく現実に近いものだ（1998年）

一度おもちゃのお金を、お金と自分たちで決めてしまうと、それはもう自分たちのなかでは本物のお金と同じ感覚なのである。買い物ごっこのときには大切に財布に入れるし、床に落としてしまうと、本物のお金を落としたかのようにあわてて拾ったりするのである。子どもの見立て遊びというものは、ある意味で〝これは遊びだから〟という中途半端なものではなくかぎりなく現実に近いものだと思う。子どもは、おもちゃのお金と本物のお金が違うことが理解できても、〝これは遊びだから〟と割り切って自分たちの遊びを冷静に見られるほど器用ではない。

[ケース35] 一度我に返ったらその日のうちに、もう一回同じごっこ遊びはしなかった、したくなかった（1999年）

探偵ごっこをしているときは、自分は完全になりきっていたし基地も完全な基地だと思いこんで、実は違うなどとは少しも思わなかった。ただ、夕方になって暗くなったり、遊びに飽きたり、あるいは一緒に遊んでいる人の誰かが止めるなどと言い出すと、ふっと我に返った。我に返るとすべてが現実のものとなり、探偵ごっこも止めた。一度我に返ったらその日のうちに、もう一度同じごっこ遊びはしなかった、したくなかった。でも後日やりたくなったら表象の世界へ抵抗なく飛び込むことができました。

見立てているモノというのは、本来とは違う姿ではあるけれども、あってもいいと自分で勝手に判断し、その見立ての存在を認めていた。これは、モノだけに限らず空想でも言える。ごっこ遊びのなかで友人と言い合った空想の表象も、重要な役割を果たしていた。

このケースのなかに述べられている「一度我に返ったらその日のうちに、もう一回同じごっこ遊びはしたくなかった」ということは、どういうことなのでしょうか。これは遊びの種類によるものなのか、遊びこみ方の違いによるものなのか、また子どもの性格によるものなのか、今のわたしにはまだよくわかりません。日常生活でよくあるおとなの「何度やってもうまくゆかず、今日もう一回やるのは嫌だな」と、同じような気持ちなのでしょうか、まるで違うのでしょうか。

このように今回引用した回想記録には、はっとするような言葉や解釈がたくさんあるのですが、これは次回にもう一度学生たちに投げ返して聞いてみるしかありません。

［ケース36］現実のものはリアルとは表現できないが、見立てたものはリアルと表現できる（1999年）

前回のレポートで述べたように、稲のわらを木に見立てた遊びであった。そのとき遊びながらその見立てているものがほんとうの木とどれだけ違うかわかっていた。心の中で「もう少し頑丈に立っていればいいのに…」などと思っていたのも事実だ。しかし、そのなかで見立てて遊んでいるから楽しいのだ、という気持ちもあった。もし、本当の木がそこにいくつもあっても、私はそこで遊ばなかった気がする。遊んだとしても見立てた「ごっこ遊び」ほど長続きしなかっただろう。私がその「ごっこ遊び」に夢中だったときも、遊び始める前はそれほどリアルな世界になっていない。しかし、いったん遊び始めるとそれまでとはまったく違ったリアルな世界へと引き込まれていくのだ。

つまり、見立てている物と現実のものは、私の中ではまったくちがう存在であったのである。現実のものはリアルとは表現できないが、見立てたものはリアルと表現できる。同様に現実の物で遊ぶのと、見立てたもので遊ぶのとはまったく違うのだ。見立てた物＝自分でつくりだしたもの、である。現実の物は自在に操ることはできなくても、自分で作ったものは自在に操ることができるのだ。そうすれば自分の描きたいもの、世界がリアルに表現できる。だから、私は見立てたもので遊ぶ方が現実の物で遊ぶより面白かった。

このケース36に似た記述は、たとえば「空想の世界へ入り込んだ以上、それらすべてが空想世界の住民でそれ以外の何ものでもない。見立てにより作られた世界がすでに現実であったと思います」というように他にもかなりありました。さて、ケース34には、子ども時代の遊びの重要さについてのきわめて重要な指摘がいくつかあります。おとなが作った現実の表象世界を自在に操る（変換する）ことにより、子どもは自らが必要とする世界を自分の意志で創り上げます。そしてそのなかにこそリアリティがあり、充実した面白さがあるという、子どもの遊びについての哲学です。

前述のヴィゴツキーは、「遊びのなかで子どもは絶えず、その平均年齢よりも上位におり、その普通の日常的行動よりも上位にいる。遊びのなかでは子どもは、頭のなかで自分自身よりも年上であるかのようだ。（中略）遊びは発達の源泉であり、発達の最近接領域を創造するのである。想像的世界・虚構場面での行為、随意的な企画の創造、生きた計画・意志的動機の形成」等が、すべて遊びのなかで発生すると述べています(8)。

おとながつくった外側の現実世界の意味より、子ども自らが作ったごっこの世界の方が子どもにとってより真実味があり、おとなの現実から解放された分だけ自分で責任あるルールを作り厳格に守りぬくのでしょう。つまり、ごっこ遊びの世界とは、子どもが自己決定し、自己抑制することで創り上げた規律ある独自の想像世界なのです。だから、現実の木より稲のわらを見立てた木の方が、子どもにとっては大切な「現実の木」なのです。それは他でもない自分自身がそのように操作し、自分の責任とルールで決めたのですから。子どもたちは、あこがれの生活を目指して総力を上げてごっこの世界を創る過程で、つぎに知りたいことやそのために必要な技術を、自分の力でたぐり寄せてゆきます。ヴィゴツキーの言う「発達の最近接領域」とはこのような概念で、子どもは自らの力で現在の発達水準からつぎなる水準への飛躍を果たすために、自分自身で新しく進むべき「領域」を引き寄せてゆくのです。

学生の回想記録には、程度の差こそあれ、おとなの規則により作られた現実と、自分で作り上げた表象世界の「現実」との間には違いがあることに気づいていた、と述べられています。このことは、ある意味では当然のことであり、そうでなければ多くの子どもがどろ団子を食べて腹痛を起こしたり、風呂敷を背に三階のベランダから飛び降りる子どもが続出していたでしょう。

ではなぜ子どもたちはおとなが作った現実の世界へとすんなり適応せず、自分たちの欲望と意志にもとづく世界を、夢中になって創りだそうとするのでしょうか。

それは、与えられた環境の意味体系がおとなの生活に合わせて作られていて、まるで身丈に合わない洋服を着せられたような感じなのでしょう。そこで、子どもたちは自分たちの理想や願望にもとづいて現実を変革（変換）し、自己満足のできる世界を創りあげたいと願うのです。それは、人間にのみ許された能力で、成熟や個性に応じて自分自身にとって必要で好ましい世界を創りつつ、より広い大きな世界と柔軟に結びついてゆくのです。

そこで一番重要なことは、理想とする世界を完成させることもさることながら、子どもが自らの願望とイメージのもとに主体的に行動を起こすという能動性です。子どもは、どの時代にあっても自由な時間と空間さえ与えられれば、その恵まれた能力をフルに生かして、自らの強い意志のもとに創造的で生産的な活動を開始するのです。その過程で引き起こされるさまざまな精神の輝きの経験と、自発的に望ましい環境を創造しようとする意志こそ、のちの人生をかたちづくる上でもっとも確かな精神的座標軸となるのではないでしょうか。人には、一生の間にそれぞれの発達や成長過程に応じた食生活やファッションの願望があるのと同様に、精神生活においても独自の意味ある世界（時間と空間）を創り上げようとする願望があるのです。わたしたちは、おとなが当たり前と考える時間と空間の尺度を、幼い子どもや思春期の子どもたちに、適応という名のもとに押しつけることは慎まねばならないと思います。

さて、子どもたちも遊びを通しておとなと同じように現実に頭をぶつけたり、さめそうになった夢を持続しようと必死に努力します。

（3）子どもは自分の表象世界をどのように持続させようとするのか

子どもたちは、自分たちのごっこ遊びの世界が自分たちだけの「現実」であることに気づいています。

その気づきの程度には、前述したようにさまざまな濃淡があります。子どもたちは、いったん開始した遊びの世界を完成させるためにどのような工夫や努力をするのでしょうか。

［ケース37］暗黙の了解のように一緒に遊んでいる者同士では、決して真実を口にはしませんでした（1999年）

子どもなりに「遊びの世界」と「現実の世界」を理解し、区別できていたようです。ただし、遊んでいるときに葉っぱのお金を「葉っぱ」と呼んだり、土のマメごはんを「土」と呼んだりすることは、禁句であったように記憶しています。それがなぜでありどのようにして決まったことなのかはわからないが、まるで暗黙の了解のように一緒に遊んでいる者同士では遊んでいる間に、決して真実を口にはしませんでした。

外で見ている子が「あいつらアホちゃうん？　なにがお金や！」っていう言葉を発すると、少し気分が悪かったようにおぼえています。今考えれば、真実を口にするとせっかく見立てていた物が、本当に土や葉っぱや木の実にしか見えなくなってしまうということを、気持ちのどこかで感じていたのではないでしょうか。

この「暗黙の了解」という言葉は、実に多く出てきました。もう一つだけ引用します。

［ケース38］泥で作った団子を壊したり捨てたりする行為は、相手に失礼だし傷つけてしまうからです（1999年）

私はお店やごっこをしていました。主に飲食店で、なるべく本物に近づけようと必死でした。「いただきま～す」とか言って口にもってくるまでは、いかにも本物だという気持ちでモノに接しましたが、やっぱり飲んだり食べたりはできないわけです。でもそうできないのは、暗黙の了解なので、あえて「こんなのたべられな～い」なんて言いませんでした。それを言ってしまうと、場が現実に引き戻されてしらけてしまうことをみんな知っていたんでしょう。それだから、いかに本物らしくそれを処分するかがポイントでした。

たとえば、泥で作った団子を食べるときは相手から自分が横に向いているように座り、あたかも口に入れたように見えるように、相手の死角となる方に隠してごっくんと飲み込んだように見せたり、相手が見ていないスキに、相手の死角になる場所に隠したりしていました。でも、ここで決して捨てたり隠したりしてはなりません。いくら偽物だとしても本物のつもりで作った物だから、それを壊したり捨てたりする行為は、相手に失礼だし傷つけてしまうからです。もし、自分がそうなったら悲しいからです。だからたとえ見立てたモノでも、できるかぎり本物のように接しようと意識しながら遊んでいました。

［ケース39］それが子ども同士の「礼儀」であり「常識」である（1998年）

「見立て遊び」はたいてい集団によって成立するもので、お客さん役になった子は全部お店を回るというように子どもなりの「協調性」があったように思う。もしも仮に、「石ころは石ころだよ」と割り切った判断をしてしまったら、その時点で「見立て遊び」は成立しなくなるように思う。「商品」は単なる「木の葉」や「空き缶」になってしまい、「お金」もそれこそ「石ころ」になってしまう。それではなんの楽しみもない。たとえ「石ころ」は「石ころ」と自分で認識できているとしても、口にはだざない。それが子ども同士の「礼儀」であり「常識」である。「見立て遊びは」３、４歳～５、６歳の子どもが何人も寄ってやっていたが、５、６歳になると「お兄さん」「お姉さん」の意識もあり、本当に夢中になっている下の子どもに合わせてやるという意識も出てくるだろう。

自分のなかにしっかり「石ころは石ころ」という考え方があったとしても、やはり周囲とのコミュニケーションを重視することを覚えてゆく。それはいくつの子にも無意識的な承認があったように思う。正直その頃の認識に返ることは難しいが、遊びが成立するためにはそういった一種のルールに従っていたことだけは確かだ。

子どもたちの遊びの世界がお互いの暗黙の了解のもとに、ルール・常識・礼儀を守りつつ、しっかりとした協力体制のもとに展開されていた様子が説得力あるかたちで述べられています。それは、おとなが子どもに与える社会の慣習や人間関係のルール等より、もっと子ども自身を強く心理的に規制する力をもっているものだと思います。それにしても生まれて数年の後に、おとな社会から仕入れた生活の知恵や人間関係の技法を、自分の願望する世界のなかに持ちこみ、ドラマのようにあざやかに自分自身の身体を通して取りこんでしまうごっこ遊びの世界には驚きを禁じ得ません。

しかし、このような子ども独自の世界にもおとなの現実は容赦なくしみ込んできます。そのようなとき、子どもたちはどのように防衛するのでしょうか。

［ケース40］現実にそれがなんであるかなどを考えないように、頭から追い出していました（１９９

9年）

私は、子どもの頃にいくつかの「ごっこ遊び」をして遊んだけれど、そのどれも実際にはそうではないということには気づいていました。ただ、心の奥底では真実はわかっていても、その見立てている時間のなかではそれを忘れるようにしていたと思います。想像力によって、自分の世界を作り出していました。だから、その時間内では想像されたもののほうが自分のなかで真実であって、現実にそれが何であるかなどを考えないように頭から追い出していました。心のどこかにはそれが現実でないと知っている自分がいるけれど、それよりもその虚構の世界で自分をだましながら遊ぶ自分が勝っていました。そして、時間が終わるとその立場が逆転して、現実を現実としてとらえられる自分に戻っていました。

つまり、当時の私のなかでは見立てているモノと現実の物とは時間というものによって、はっきり区別がされていたのだと思います。

［ケース41］「ごっこ遊び」をしているときにはもう夢中で、その楽しさを壊さないようにむりやりその意識を押さえつけていた（1999年）

今、その頃のことをもう一度思い出して考えてみると、見立てているモノと現実の物は頭のすみのほうで、まったく別のものだということは意識されていた。「ごっこ遊び」しているときにはもう夢中で、その楽しさを壊さないように無理矢理その意識を押さえつけていた。自分だけの秘密の基地であり、想像力によってその私の作り出した家は永遠だった。想像力の家のなかでは私がリーダーであり、責任感を自分自身で負わせてみたり、あるいは自分の好き勝手をしてみたりできた。あれは、当時の私にとってはなくてはならない時間だった。

親と一緒のとき、その階段は現実の物のままの階段だった。一人のときもしくは妹と一緒のときにだけ、ぐっと自分を想像力のなかに引きずり込んで、階段は家へと変化した。親に自分の秘密の基地をのぞかれたくないと、強く思っていた。自分でさえ、頭のどこかで「これはただの階段だ」と思っていたから、親に自分がこれを家だと思って遊んでいるなんて、恥ずかしくて知られたくなかった。いつも現実に戻れば気恥ずかしさがついてまわる「ごっこ遊び」だった（高学年になるほど）。でも、想像力を自分のなかで育てていくのはすごく楽しいことで、いつも夢中だった。

［ケース42］夢世界で遊ぶため「石ころ」を「お金」と思いこみ、少し気づきかけたらあわてて気をそらした（1998年）

見立て遊びは私にとって二つの意味で夢を見ているようなものでした。一つは現実世界に引き戻されず夢世界で遊ぶために、必死になって「石ころ」を「お金」と思いこみ、少し気づきかけたらあわてて気をそらしたりしていました。

もう一つの意味は、ある物を見立てる対象が子どもにとって手の届かないものばかりで、手に届く物はほとんど見立てなんかしませんでした。見立てたものは、お金、包丁、火等、子どもにさわらせてくれない物や補助輪つきの自転車を補助輪なしの自転車に見立てるような身近なあこがれのもの、そしてお姫様などの永遠のあこがれのようなものでした。時々これはつくりものなんだ～とむなしくなるときもやはりあったけど、一度入り込んだら一人でも集団でも、もうやめようと思うまでしっかり入り込んでいました。

遊び世界にしっかり入り込んでしまうものから、ずり落ちそうになるのを必死でくい止めるものまで、子どもたちは固有の世界を守るために戦いますが、なかには具体物を見立てると遊びが壊れやすいので、演じることで乗り切る工夫も出てきます。ごっこ遊びには、大ざっぱに分けると物の見立てが基礎となる「見立て系」と、人の見立てによる「ふり」を基礎とする「演じ系」があるように思われます。これは、遊びの種類や子どもの資質・成長等にもよるのでしょう。

［ケース43］やはり何か〝物〟を使っていると、おのずと現実が意識されてしまう（1999年）

私は前回のレポートで、近所の墓地を冒険の舞台にして遊んだことについて述べた。友人とともにキャラクターになりきって遊び、棒をよく剣に見立てて遊んだが、途中で折れると「やっぱり木だな…」って実感してしまい、とても嫌だった。だから、あまり棒は使わず敵に対してはパンチ、キックで戦うことにしていた。極力現実を意識したくなかったからだ。また、〝敵〟に関してだが現実のものを意識しないで済むように、物のないところに敵の姿を思い描き戦っていた。これは自分でもかなり良い考えだと思う。やはり何か〝物〟を使っていると、おのずと現実が意識されてしまう。しかし、何もないところに形を描けば邪魔されることはないのだ。このようにして私は想像の世界にずっと居続けようとしたのだ。

［ケース44］具体物の見立てのときよりも、抽象物（空間など）の方が見立てたものと現実のものとの差は小さい（1999年）

わたしは幼い頃こたつ机を使って〝タイムマシーンごっこ〟をよくしていた。こたつ机を裏返しにすると、わたしにとってとても特別な空間が広がった。あの空間の中に入っていると、本当にどこか遠くへ行ってしまいそうな気がしていた。普段、こたつの裏は赤くて熱いので目で見ることは少ない。だから余計に布団が消えて、あかりが消えたこたつの裏は見知らぬ世界だったのだろうと思う。

幼い頃の見立ては、わたしにとってすごく楽しいものであった。見立てているときは心のどこかで、これは〝タイムマシーンじゃないんだ〟とか思っていたなと思う。しかし、もしかしたらこれは実はタイムマシーンで、こたつ机ではないのではないかという、現実の世界を夢の世界として認識していたりしていたと思う。実際、わたしは確かにあの泥水のコーヒーを飲んでみて、〝コーヒーではない〟と自分に再認識させたことがあった。見立てているものと現実のものとの関係は、わたしにとってはどっちがどっちだか錯覚を覚えるほど近いものであったと思うし、とても不思議な関係を維持していたと思う。また、具体物の見立てのときよりも、抽象物（空間など）の方が見立てたものと現実のものとの差は小さく、家のある空間をエレベーターに見立てたときは、その空間に入ると本当に家が動いているという錯覚にかなりの時間おちいっていた。

このケースは、「タイムマシーン」というおとなによって作られたファンタジーの約束事と、子ども自身が創り出した意味（表象）の変換による空想世界のルールとが混在しており、あるときは本人も実際に泥水を飲んでしまうほど混乱していたようです。

このことはスーパーマンやウルトラマン等、変身ものを土台とする「演じ系」の遊びに多いのかもしれません。そうでなくても揺れの激しい子どもの空想遊びの世界へ、おとなが創ったファンタジーのなかの変身もののヒーローが立ち現れると、それは子どもたちにとってはなじみ深いごっこの世界と地続きであるため、あっという間にとりこになってしまいます。

ケース45は、子どものごっこ遊びのなかに、おとながつくったファンタジーの論理が持ち込まれ、遊びの世界にも独特の構図をもたらします。

［ケース45］その当時は、テレビの中のヒーローたちがどうしても作り物の虚構であるとは信じられなかった（1999年）

自分で自分のことをウルトラマンやゴレンジャーだと思っていたので、自分は何でもできる、自分は強いぞ、あんな武器やこんな道具も使うことができるという意識が、ごっこ遊びの最中にはとくに強かったように思う。それで、熱中のあまり自分には飛び上がったままキックができるとか、着地も体操選手ばりにみごとに着地でき、しかも痛みなどまったく感じないと思いこんでしまったことがあった。そのとき男の子を相手にキックをし、ドラム缶の上からかっこよくジャンプ、着地！　したはずが、足をくじきズデッと転び鼻の頭、ひざ小僧をすりむいてしまった。そのとき、あ～やっぱり私にはできないんだ、ヒーローはすごいなあと思った。その当時は、テレビの中のヒーローたちがどうしても作り物の虚構であるとは信じられなかった。普段わたしたちが生活しているように、彼らもこの世界のどこかにいて日々敵と戦って、わたしたちを守っていてくれているのだ、わたしもその力にならなければ…と考えていた。

また、テレビのなかのロボット出動シーンなどで、東京タワーの下から基地が現れたりとか、日本のどこか知っている場所から出動したりしていたのが、余計に幼いわたしにそれが事実だと思わせていたのだろう。あれが現実の世界だと意識していたように思う。

子どものごっこ遊びの論理と、おとなが空想として創ったファンタジーの論理は、いずれも強いあこがれや好奇心・願望というキャンパスを土台に描かれているため、二重のフィクションに振り回され、思わず転んでしまったケースです。しかし、当然のことながらいつもヒーローごっこで、鼻をすりむいてしまう子どもばかりがいるわけではありません。「ライダーは高いところから飛び降りても平気だが、本当に飛び降りてしまうと天に召されてしまうかもしれない。そういう絶対無理なことは、もとからハズレていてごっこ遊びのなかの暗黙の了解になっていた」というようなケースも数多くありました。

（4）ごっこ遊びがほころぶとき

子どもたちのごっこ遊びは単なる疲れのみではなく、おとなの一言により壊れてしまう場合があります。

［ケース46］先生や母親から「ギャバンはカッコよくて強そうだね」と言われるようになると、僕は自分に戻るようになるのだけど（１９９９年）

ギャバンやシャリバンに変身しているとき、一緒に遊んでいた友達が母親に迎えにこられたり、僕が迎えにこられたり、お昼寝の時間を告げられるとはっと自分に戻り先生や母親に甘えたくなるのである。けれど、僕が成長するにつれ先生や母親から、僕が「俺はギャバンだ」と言い、「ギャバンはカッコよくて強そうだね」と言われるようになると、僕は自分に戻るのだけど、嬉しい気持ちとギャバンを演じていなくてはならないような義務的な気持ちが混ざり合って、実際には自分であることに気づいているのに「ギャバン」や「シャリバン」を演じてしまう。この頃になるとだんだん僕は、「ギャバン」や「シャリバン」に変身できなくなるようになって、演じることができなくなっていった。

せっかく子どもの気持ちにそいたいと願う保育者や母親の言葉も、ときには子どもたちを苦しい立場に追い込んでしまうようです。子どもの方が妙に宙ぶらりんになって困っている様子がうかがえておかしくなりました。おとなが空想の世界にいる子どもたちと向き合うためには、特別の才能が要求されるようです。わたしはごっこ遊びをしている子どもと向き合うときは、いつも木や石のような存在になり、子どもが何かの役を割り当ててくれるまでじっとしていることにしています。

［ケース47］子ども独特の「タイム」というのがあって、10秒間は時間が止まることになっていた（1999年）

ソファーの上が陸で、下に落ちたらサメに食べられちゃうという島遊びをしていた。島には食料としてお菓子が持ち込まれたり、懐中電灯を持ち込んで雨がふるというときには毛布が大きなテントのシートになっていた。下に落ちてしまったときは、泳いだり、息を止めたりしていたが現実ではあり得ることのない子ども独特の「タイム」というのがあって、10秒間は時間が止まることになっていた。

［ケース48］「ごっこ」からふと現実に戻るときは、たこ焼きを頼んでボーと眺めていて「どろんこ遊びしよるん？」なんてお家の人に聞かれて（1998年）

そう思うときってのは大体よく似ていて「ごっこ」からふと現実に戻るとき、たとえば、たこ焼きやさんでたこ焼きを頼んでお店役の子が土と水をこねているのをボーッと眺めていて、「どろんこ遊びしよるん？」なんてお家の人に聞かれて、「うん」って答えたときとか、そのように思っていた。

［ケース49］言葉を言い間違えたりしたらぬいぐるみしかいないのに、本当に恥ずかしがったりしていた（１９９８年）

先生ごっこのなかで、生徒をぬいぐるみに見立てるという一般的な遊びであった。くまのぬいぐるみを一番仲良しのせつこちゃんに見立て「せつこちゃんは算数が苦手だから前に出てきて、先生と一緒にこの問題を解いてみましょう」等と言っていた。途中で反応がないためぬいぐるみだ気づく。それまでは自分は40人ほどのクラスの担任をもっているのだという意識のなかで行っていて、言葉を言い間違えたりしたらぬいぐるみしかいないのに、本当に恥ずかしがったりしていた。ぬいぐるみと生徒の差に気づくのは、自分がしゃべらないときの沈黙によってである。そのときに「これはぬいぐるみで生徒じゃないのだ」と強く認識した。学校ごっこの最中に認識していたかというと、やり始めのうちは自分で質問して自分で答えるほどはっきり認識しているのだが、夢中になると区別がつかなかったという記憶がある。

［ケース50］思えば自分の都合の悪いときは必ず「ダンボールだから」と、ダンボールのせいにしていました（１９９８年）

ダンボール箱を家に見立てて、木の上の家を造ったと前に書きました。とてもワクワクして楽しいことでした。しかし、心のどこかではダンボール箱だとわかっていました。それを一番実感したことは、できあがった家に入ったときでした。ダンボールの家は、小さく、狭く、なかは暗いものでした。そんなことを思っていても本当にでき上がった私たちの家は、うれしかったし大変ステキなものだった。私たちでたてた家と思うとぶさいくな家も、白い可愛らしい家に見えたのです。

次にダンボール箱だと思ったのは、柿の木から落ちたときです。子どもの思いこみというものは激しいものだと思った。私たちは、木はこれだけ太かったら折れないものであると思っていたのです。だから、家が落ちたのもダンボールのせいであって木のせいではないと思ったのです。今度は緑のふかふかのじゅうたんに囲まれた家というのをイメージして置いた。今度は落ちる心配もない。私はステキな家だと思った。何日も雨が降ってダンボールは無惨な姿になった。家は雨にも負けない、ましてやカビなんか生えない、と思っていたからやっぱりダンボールだったんだねと思った。私たちのステキな家がなくなったことは本当に悲しかったので泣いた。しかし、ダンボール箱という考えはそのときは本当にありませんでした。思えば自分の都合の悪いときは必ず「ダンボールだから」と、ダンボールのせいにしていました。

さて、まだまだ興味あるケースはありますが、きりがありませんので最後に誠に複雑な入り組み方をしている回想記録を引用して終わりたいと思います。

［ケース51］ 遊びにのめり込んでいるときは真剣にすべり台をお城だと思いこんでいる。でも、ちょっと離れればこれはすべり台なんだから他の子どもに取られるということもわかっている（1999年）

私は低学年の頃、すべり台をお城に見立てて遊んでいた。遊んでいるときすべり台はお城の抜け道に、階段を登った所のちょっと広くなっている所は、生活の場と見張り台に、そしてすべり台の下のスペースは地下室に変身した。遊んでいるときはもちろん本物のお城として遊んでいるが、すべり台は人気のある遊具だから、他の子に取られちゃいけないという考えもいつも頭にあった。だから、遊びの中でみんながお城から脱出していなくなっても、一人は必ずすべり台に残っていた。それはすべり台を他の子に取られちゃ困るから、お城から逃げる側の子どもも兵隊役の子がすべり台に残って、他の子にすべり台がとられないようにしておいてくれる、という安心感があった。それは、絶対にしなければならないこと、という暗黙の了解が私たちのなかにあった。

一度、兵隊役の子がすべり台から離れてしまいすべり台が無人になってしまったために、遊びの途中だったのにすべり台が他の子に取られてしまったことがあった。そのとき私たちはとても冷めていて「みんながすべり台から離れてしまったんだから仕方がない」という思いから、パッと他の遊びに移ったことがあった。遊びにのめり込んでいるときは真剣にすべり台をお城だと思いこんでいる。でも、ちょっと離れればこれはすべり台なんだから他の子どもに取られるということもわかっている。そして取られたものは仕方がない、早いもの勝ちがルールなんだから、と冷めた目でみている所もある。今考えると本当に面白いなと思う。

記述した本人が述べるように、おとなの現実とごっこの世界の「現実」が臨機応変に同居したり反転したりしながら入り組んでいて、本当に面白い回想記録です。

わたしはすでに約600枚の記録を手元に集めたと言いましたが、すべての記録が引用した記述のように独自な回想とその解釈・意味づけをもっているわけではありません。なかには、本当に何も思い出せなくて困り果てたものもあります。

なぜ、思い出せないのかについてはいろいろな事情もあるでしょうし、なかには話したくないというエピソードもあるでしょう。私が一番懸念するのは、引用した記述のなかに存在する遊びのキーワードとも言うべき「夢中になった」「なりきった」「必死だった」「吸い込まれるようだった」「夢みたい」「思いこんでいた」というような言葉で表現できる、幼い頃の遊び経験がないという場合です。そのことを率直に述べている記録を、一つだけ引用してみたいと思います。

（5）ごっこ遊びの記憶が見つからないとき

［ケース52］私は佐々木先生の授業が苦手です。どうしても肌に合わないのです（1999年）

私は佐々木先生の授業が苦手です。どうしても肌に合わないのです。理由も今日までわかりませんでしたが先生の話を聞いてふと気づきました。小さいときから周りの大人に「ふみこちゃんはしっかりしているね」と言われ、親にも「もっと考えて行動しなさい」といつも言われて育ちました。だから友達と遊ぶと自分だけ溶けこめなくてイライラさえしました。たまに一緒に遊んでいても、途中で自分の中の誰かが「そんなことをしてもいいの」とか「それは本当に楽しい？」等と聞いてくるのです。そうなるとごっこ遊びらしきことをしていたような気もしますが急に気持ちが冷めてしまってなにが楽しかったのだろうという気持ちになってしまうのです。だから、ごっこ遊びの話をされてもあまりピンとこないようです。それこそ老人になった気分です。中間レポートに書いた私のごっこ遊びは「○○屋さんごっこ」でした。粘土でパンやケーキを作ったり、ブロックを野菜や果物に見立てて遊んだわけですが、やっぱり本物でないというところに不満がありました。さらに母親にそのことを指摘されると、もうその遊びはやめという感じでした。だから、誰に何をいわれても遊んでいる子を見るとすごいなあ、どうしてそんなことができるんだと不思議にすらなります。それからよく「○○のまね」とか言いながらまねをしてすごく楽しんでいる子がいますが、そういうのを見るとなんて失礼なんだ、自分がやられたらいやなくせにという考えがどこかにあって、自分ではなりきることができませんでした。

先生はこの文を読んでなんて面白くない子（私）だろうと思われるかもしれません。自分でもそうだろうとは思うのですが、どうしても遊びきることができません。今でもそうです。なぜかどこかに罪意識のようなものがあり、誰も見ていない、気にしてないのに周りをすごく警戒しながら行動しています。だから今回のような課題を出されると、何を書いたらよいのかわかりません。こんな私はやっぱりこれからの人生も同じ様なものですか？

わたしはこの記録を読んでとても心をうたれました。わたしの授業がなぜ面白くないのかがとても率直に語られていて、それにもかかわらず、私が願っている「自分のなかに発達を読む」ことが真剣に行われているからです。子どもについて語られる大学の授業は随分数多いと思うのですが、わたしのそれはケース52のようなタイプの人にはとても違和感を与えるのかもしれません。高度経済成長以降、子どもの成長・発達についての価値観は、受験競争の原理が生み出す数の論理と知識習得の効率化に中心化され、少子化がさらにそれへの拍車をかけているように思います。

そのようななかで、わたしが伝えたいと願い、これが本当の子ども時代にこそ必要な生活なのだと思うことは、ケース52の彼女が経験してきた「子ども時代」とはあまりにも異質なもので、心に響くものがなかったのでしょう。私の「子ども」と彼女の「子ども」は、正面から衝突をしてしまったようです。彼女の記録を読むかぎり、彼女の子ども時代の生活は、現代の子どもたちのなかでは決して特別なものではなく、むしろ程度の差はあれ多数派に属するかもしれません。彼女は子どもであるがゆえに、おとなの現実と論理に従うべきものと見なされ、ひとりの意志をもつ人間としての経験の場（遊び）は、あまり保障されなかったということなのでしょうか。

4 「空想遊び」絵本はどのように事実に根ざしているのか

わたしは、第4章の巻頭においてセンダックの文章を引用しました。それは、成功するファンタジーというものは「生きている事実に根ざしたものでなければなりません」という内容のものでした。

わたしが、一連の「空想遊び」絵本を学生たちに提示したとき、多くの学生たち（82・3％）は自分自身の子ども時代のごっこ遊びを回想する上で役にたったと述べました。しかし、なかには本章の2「『空想遊び』絵本の提示は、回想記録にどのような影響を与えたか」のKさんのように、「怪獣ごっこをしたマックスの絵本がありましたが、あの絵本にはどうしても同調できませんでした。あまりにも複雑すぎてどうして寝室にあのような世界ができていったのか理解しがたく、〝マックスには自分の世界があるのだな〟というぐらいしか感じることができませんでした」という疑義の申し立てがありました。

わたしが提示した絵本は、生きた事実に根ざしてはいますが絵として描かれている具体的な像は、事実そのものではありません。絵本は文学作品であり、特に空想遊びの絵本は、作家・画家が生きている事実から出発しながらも、作品として完成したものは芸術的な創造（想像）物です。実際、センダックは絵本のなかのマックスが、自分の部屋を森や野原に変換させてゆくときの様子を、目をつぶって想像する姿としてしっかり描いています。

そのことを的確にとらえている学生の記録がありますので、引用してみます。

［ケース53］絵本のなかではそこに出てくる登場人物たちの思っていることが、そのまま絵になっています（1999年）

わたしがした遊びは「探検ごっこ」でした。近所のブロック置き場をジャングルに、置いてあったブロックを木々に、通りかかる犬や人たちを怪物にというように見立てて遊びました。確かにそのブロック置き場を本気でジャングルであると思っていたのではなく、心のどこかではやはりそこはブロック置き場でした。そこをジャングルに見立てたのは、積んであったブロックが険しいジャングルの奥深くのように思え、おとなたちが「そこは危険だから気を付けな！」と、何度も私たちに言っていたからだと思います。

高いブロックの上を歩くときは切り立ったガケの上にいるような気分で、本当にスリルがありました。もちろん本当にジャングルに行ったことがあるわけでもないのですが、テレビかなんかで見たのだと思います。「ジャングル」というものと「ブロック置き場」というものを、両方とも危険な場所と認識していたため、このような遊びを思いついたのでしょう。

絵本のなか等では、そこに出てくる登場人物たちの思っていることが、そのまま絵になっています（「大あらし」のなかのにれの木が宇宙船になったりするように）。しかし、本当に自分が遊んでいるときは、いくら心のなかで思いこんでいても、本当にそこがジャングルとして目に映っているわけではなく、やはりブロック置き場のままです。思いこむことで、そこをジャングルにしてしまう子どものときの想像力はすごいと思います。

なにかを見立てるときは、その両方についての接点があるのだと思います。私の場合は「危険な場所」という意識でしたが、その接点を子どもは非常にうまくとらえ、遊びとして取り入れてしまうのだと思います。

彼女は、テレビで見ることで獲得したジャングルのイメージ（意味概念）を「ブロックの切り立つような険しさ」という生きた現実をかりて転移させ、まるで自分が「険しいジャングルの奥深くにいる」ように思いわくわくした気分で遊ぶのです。遊びこんでいるときは、視覚的に見えているはずのブロックの山は後退し、心のなかのイメージ（視覚表象）が想像力によって「現実」となるのです。

わたしが提示した「空想遊び」絵本では、子どもたちが心のなかに持っている意味内容や視覚像がそのまま絵として描かれているため、Kさんは混乱したのでしょう。描かれている絵は、子どもたちの目に映っている視覚世界の像ではなく、子どもたちの願望によって生み出された想像の意味世界なのです。絵本やファンタジーは、作家や画家が意図的・自覚的に描く人間の空想世界です。センダックの言う「生きている事実」とは、ごっこ遊びでたとえるならば、遊びのストーリーを引っぱってゆく子どもの願望が確実にその子ども自身の経験に根ざしていること、その遊び世界を創り上げるために使う遊具・物・状況等の性質を子ども自身がよく知っていること、その結果、願望するストーリーにそってそれらを扱う操作技術が巧みであること等でしょう。

このように考えると、文学作品としてのファンタジーも子どものごっこの世界も、テーマとなるものは現実には実現不可能な願望やあこがれではあっても、それを創造してゆくプロセスは現実の物や状況を扱う以上、きわめて現実的な論理に従わざるをえないことになります。

しかし、子どもたちが住むごっこの世界とおとなが自覚的に創るファンタジーの世界とは、その心理的成り立ちが基本的に異なるものであることをレオンチェフは指摘しています。彼は、遊びとファンタジーは普通、相互に結びつけられていますが、その結びつけられ方はしばしば逆転していると言います。まず、ファンタジー的特質が子どものなかに固有に存在するものとみなされ、そこから子どものごっこ遊び的活動の特質が導き出されることが多いのですが、それは実際の発達とは逆であると述べています。

子どもは現実の棒きれを操作して、馬と見立てて「ぱっかぱっか」とある種の行為をします。そのとき、遊び上の操作や行為が厳格に現実的であるのは、前述したように子どもがそのとき扱っている棒が現実のものであり、それを使って馬に乗る（操作）ためには行為の巧妙さや動作の熟練が必要とされるからです。

レオンチェフは「遊びの心理学的前提のなかには、空想的要素は存在しない。存在するのは、現実的な行為、現実的な操作、現実的対象の現実的な像である。しかし、この際、子どもはやはり棒きれを馬として扱うわけだが、このことは、遊びには全体としてなにか想像的なものがあることを示している」(9)(傍点はママ)と述べています。したがって、遊びのなかに想像的要素があるのは、遊び的行為の前提に存在するのではなく、遊ぼうとする意欲が想像を生み出すのだと述べています。

ごっこ遊びは、ファンタジーへとつながることもさることながら、小学校の教科である「生活」や「総合的な学習」への深い根っこでもあります。この問題についても、ひとりの学生は言及しています。

[ケース54] 自分が楽しんで遊びたいために、不足なものを補うための見立てをし、自分の身を守るために本能がメタ表象をさせた(1999年)

なぜ子どもは見立て遊びを行いつつ、メタ表象ができるのか。この行為は非常に高度であると思う。思いこんでしまうのではなく、仮想と現実をきちんと理解し、現実の世界にいながら仮想の世界に入りこみ、仮想であることをわかった上で楽しんで遊ぶことが可能な生物は、人間の子どもだけである。しかも、自分の世界のみでなく、子ども同士でその世界を共有することができ、メタ表象すらも共有しているのだ。見立てとメタ表象の関係とはなんだろう。私が、幼い頃、見立て遊びをしようと思ったきっかけ、見立て遊びをしながらなにを思ったか、またそれにより得た物はなんであるかを考えた結果、すべては自分という存在を核としてなされていたと思った。

自分が楽しんで遊びたいために、不足なものを補うための見立てをし、自分の身を守るために本能がメタ表象をさせ、自分を成長させることを無意識下での目標とし、それに向かい〝遊ぶ〟ことをした。つまり、見立てているモノは自分を成長させるための道具であり、現実の物はそれを助ける役割を果たしていたのだ。自分という存在を中心とし、仮想と現実の間を行き交いながら成長をするためには、〝見立て〃と〃メタ表象〃は、本能に組み込まれた当然のプログラムだと思う。

自分が強くあこがれる世界を創りたいと思うから、現実の物の助けをかりて自分の満足できるモノに見立てること、つまり現実の物を土台に欲しいモノを創り上げるという行為が、想像力を育むというレオンチェフの学説と同じ結論に、この学生はたどり着いています。

わたしがこのレオンチェフの文献を知ったのは、１９９９年度のレポートを回収した後ですから、もちろんこの説を学生に紹介したことはありません。

わたしは、このレポートがとても興味深かったので彼女とさらに話し合ってみる機会をもちました。そのなかで、彼女はセンダックのマックスにふれ、マックスが想像の世界で寝室を徐徐に森や野原に変換していくのは彼女の経験にはなかったことだと言いました。複数の子どもたちが、それぞれに見立てて合成してゆくのならわかるが、彼女の場合は見立ては現実がいっきに変換（反転）するだけで、見立てたモノは現実の物の上に「ボーと覆いかぶさるようにうすく見えていた」と述べていました。このあたりになると、さらなる学生への問いかけが必要であり、とても興味惹かれる問題です。

センダックは、ファンタジー作品を創造したのであり事実に根ざしていながらも、作品は当然のことながら彼自身がもつ文学の論理と感性により磨き上げられていることを忘れてはならないでしょう。

このことは、ごっこ遊びの世界の展開や創造にも通じることで、子どもたちは事実に根ざして出発しながらも、それぞれの子どものストーリー作りや個人的好みによって随分変化することが予想されます。それが、子どもたちに想像することの楽しさや面白さを味わわせ、精神の輝きを経験させるのでしょう。

5　自分のなかに発達を読むとは

本章のタイトルは「自分のなかに発達を読む」でした。しかし、お読みになっておわかりのように、学生たちが自らの子ども時代のごっこ遊びを回想することにより、それが彼女（彼）らに何をもたらしたかについての意味づけや解釈は、すでに第3章、第4章でもかなり具体的に述べられていました。

従来、遊びの発達的意味づけは「人間関係の発達」「知的・感情発達」「好奇心の発達」「自尊心の発達」「想像力の発達」等、実験的方法であれ観察法であれ、遊びを外（おとな）側から眺めた者の立場で整理された抽象的概念により構成されたものが多かったように思います。それに比較し、学生たちのそれは、遊ぶ子ども自身の内側からあふれ出た言葉で語られ、とても具体的で生き生きとした臨場感に満ちたものでした。

第3章の「自己との対話」のなかのケースから、「発達を読む」ことのいくつかの例を取り上げてみますと、

・ひとりじゃ寂しく、人は誰かと話をしたり聞いたりすることが必要。
・友達を大切にする心がもてた。
・学校という集団のなかでどうすればうまくゆくか、どう言う子は嫌われるか、また好かれるか等、人を見

る力がついた。
・客観的な立場から自分を見て、考え方等が大きく広がった。
・心のなかに架空の自分を作ることによって、自分自身の心の成長になったと思う。
・自分の時間をもつことができ、安らぐということを知った。自分の心のなかでどっちが悪いかという葛藤をすることで、自分以外の人にも意識をもつことができた。
・ごっこあそびを通して創造する力や日常生活をいかに楽しむか、ということについて深く考えることができた。

第４章の「空想遊び」のなかのケースから、いくつか例を取り上げてみますと、

・死ぬということもかなり自覚があって、死への恐怖や不安をもっていたことを物語っていると思う。このジャングルゲームは、ある意味で自分が生きようとする意思の表明から始まったかもしれない。
・わたしがもっとも発達したのが、ストーリーを作る能力であったと思う。自分の想像世界が広がり、ファンタジー世界を作り出した過程は決してムダとは思わない。
・この遊びをすることによって友達との信頼関係を築いていったのだと思います。
・次第に変身していないときでも助けなければならないという義務的な心と、助けたいという願望の心が生まれ、そして困っている人がいれば当然のように助けるという行為が身についた。
・なにか特別の命をもっているものと触れあうことが楽しくて仕方がなかった。人間以外がもっている命を言葉で教えられるだけじゃなくて、自分の体験を通して心から実感したのだと思う。

・今でも感じるワクワクした冒険の心や恐怖を乗り越えたこと等は、現実の世界を生きてゆく上でも通じるものである。
・この世界はわたしがもった初めての自分だけの世界、誰にも知られない世界であったように思います。自分で好きなように世界が作れる反面、自分の力だけにかかっている世界ともいえます。

このような「自分のなかに発達を読む」行為は、阿部謹也の言葉を借りて述べるならば、過去のごっこ遊びのさまざまな事柄を想起し、現在の自分の人生に組み込もうとする試みであり、体験が経験となる重要な過程なのです。

第3章や4章で学生の回想記録に見られた「自分のなかに発達を読む」行為のなかの具体的内容は、記憶力の優れている人であれば比較的想起しやすいのかもしれませんが、第5章で引用した「メタ表象」にかかわる自己分析は、第3・4章よりはるかに深い層から引き出さねばなりません。そのようなことを考えると、やはりわたしが提示した「空想遊び」絵本の効果はとても大きかったのではないかと思います。

ケース27から54までのなかで述べられた学生たちの「発達を読む」分析内容は、わたしにとってごっこ遊びがいかに幼児期・児童前期の子どもにとって重要な活動なのかを改めて教えてくれるものでした。それは、ごっこ遊びの心理的構図を深くえぐり出しており、発達の原動力とは子ども（主体）が、自分の必要とする環境を自分の意志で築き上げてゆき、そのなかで強くあこがれる生活を楽しむことに他ならないことを示しています。子どもの発達とは、おとなが整えた環境や指し示す人間像へと徐徐に適応してゆくものではないでしょう。

幼児教育は、環境を通して行われると言われていますが、その場合、おとながある意図と目的をもって構成した環境が、すべてそのまま子どもにとっても同じ意味をもつ環境なのだとは考えられません。子どもたちは、おとなが用意した環境のなかから自分たちの願望に合わせて望ましい環境を再構成し、そこで主人公（主体）としての位置づけが完成したのち遊びを開始するように見えます。言い換えるなら、それらのプロセスすべてが遊びというものの全体を指し示しているのではないでしょうか。子どもはおとなが準備したさまざまな遊具や材料を使ってはいますが、それが意味するものはおとなが「あたりまえ」と了解しているものとは大きく異なることがあることを、知る必要があります。

子どもたちは、幼児期には独自の「ごっこ環境」を創り、そのなかで決められた役割（人間関係）や「ごっこ環境」を仕切る厳格な規律を作り、夢中になってそのなかで生活し、その生活が達成されると大きな満足感を得ます。子どもにとってごっこの現実は、おとなの現実よりもっと重要な等身大の現実であり、そのことは学生が「現実よりリアルだった」と述べているとおりです。

人間にはその発達過程のどの時代においても、自分自身が主体となりうる環境が保障されねばならず、そのような主体的活動を通してこそ自覚的に生きることの緊張感と意欲、責任感・道徳観等が培われるのでしょう。

わたしはこのような絵本を事前に提示して、同じような試みを高校生や65歳以上の高齢者を対象に行ったこともあります。高校生の場合は、記憶の鮮明さは大学生より優れていると思われるのですが、結果は大学生のものよりはずっと不鮮明なデータしか得られませんでした。理由として考えられることは、高校生の場合内側に生きている「子ども」が強すぎて、体験を対象化することが難しく、その結果、それらの体験を語りうるほどの精神的成熟がまだ獲得できていないように見えます。しかし、欧米のように個人の自律が早くから促される場合は、また事情が異なるかもしれません。

高齢者の場合は、とても期待したのですが高校生よりもっとあいまいな回想記録しか得られませんでした。おそらくは、深く記憶の淵に沈んだものを引き出すことも難しかったのでしょうが、それ以上に「自分のなかに発達を読む」習慣が文化のなかに存在しないことも大きな原因のような気がします。

「自分のなかに発達を読む」ことは、自分の人生を自覚的に生きることであり、内側に引き起こされる発達の質的変化を自らの力で確認できることでもあります。幼い子どもの場合、当然のことながら、自分に深く影響を与えた体験がどのような意味をもつものなのかを整理することは、そのときはできません。しかし、第3章や第4章で見たように、19歳前後（平均年齢18・6歳）の学生たちは幼年期の遊びが彼女（彼）らにもたらしたものの意味を、かなり確実につかみ取っています。

わたしは、第4章や第5章において「空想遊び」絵本を提示して、学生たちに「自分のなかに発達を読む」ことを促したことの結果を示しました。しかし、同時に「自分のなかに発達を読む」ことは促すことはできますが、決してその内容を教えることはできないものであることもわかりました。

発達するということは、自分にとってどのような体験が必要なのかを、自覚的に選ぶ能力と強く結びついているように思います。それは、教科書にある発達の過程をなぞることでもなければ、多くの人が良しとする価値観に従うことでもないでしょう。

発達することを子どもたちに教えることができない以上、せめてわたしたちは子どもたちに豊かな環境を準備し、そこで彼女（彼）らがどのようなものを必要な「環境」として選択するのかをじっくりと見守りたいものです。

終章　絵本心理学のために

第1章では「絵本心理学」の方法論として「語りのモデル」（ウィダーショヴン）を中心に展開しました。語りのモデルでは、発達の意味は解釈に依存します。そこにおける発達の意味づけは、発達そのものの記述ではなくその発達現象へと関わるものの詳細な記述であり、その解釈の科学的な根拠は合理性によって示されると言われています。

ただし、その「合理性」もただ単なる論理上の形式的な整合性というような単純なものではなく、絵本の場合は長く読み継がれるという歴史的な試練を経ており、多くの読者を獲得するという文化的・社会的淘汰も受けた合理性です。

各章において具体的な問題提起を終えた後、今一度絵本心理学構築に向けて理論的な枠組みを整理してみたいと思います。

1　生涯発達心理学の創造のなかで

すでに述べましたように、従来の行動主義の流れのなかから生まれた幼児・児童心理学の研究は、その多くが普遍性と客観性のモデルを自然科学的因果関係に依拠するため、個としての子どもの心が見えにくいことに大きな問題をもっていました。しかし、伝統的な幼児・児童心理学はもうひとつ大きな問題点を抱えていることが、「生涯発達心理学」の台頭で徐徐に見えつつあります。フェザーマンは、心理学が生涯にわたって発達を考えるという観点で、その研究がなかなか進展しなかった理由として二つのことをあげています(1)。ひとつは子どもを重視する発達心理学が学問上の優位を占めていたこと。二つ目は発達という概念がいわゆる生物学的成長モデルに依存するあまり発達の概念は、（1）最終状態（つまり、成熟）に到達すること、（2）発達的変化は順次的で不可逆的であること、そして（3）発達パターンには個人差が少なく普遍的であること、と仮定されてしまったことです。

このような身体的成長や性的成熟を下敷きにした「発達モデル」は、それが急速に進む幼児・児童・青年期まではかなり有効ではあっても、それ以降の成人にとってはほとんど機能し得ません。またこのような「生物学的成長モデル」は目に見える形での変化が捉えやすく、短期間に行える観察や実験という方法にも乗りやすいため、数多くの発達研究が生まれたと思われます。わたしは、この種の研究の大切さには一定の敬意を表するものの、このような生物学的成長モデルではカバーしきれない人間的にも重要な研究テーマが、結果としてあまり手をつけられないまま取り残されてしまったことを残念に思うのです。

近年、高度経済成長の行き詰まりや行き過ぎた受験競争の結果、子どもを取り巻くさまざまな厳しい状況が生まれ、人間にとっての新しい幸福観や新しい発達観が求められているとき、発達心理学は新しい有効なパラダイムの模索なしには生き残れないでしょう。経済的にもゆとりがなく基本的人権としての生存権を重視した時代には、この生物学的成長モデルは有効なモデルであったし、現在でも基本的に重要であることに変わりはありません。しかし、心理学のみならず幼児教育学の研究においても発達という概念は、現在、研究主題としては最上位に位置づけられており、しかもその社会的に要求されるところのものは明らかに伝統的な「発達」ではありません。発達の概念は身体的な成長や成熟のような目に見えるものから、目に見えないが心理的に確かに存在し、新しい時代の人間的資質に大きく寄与するものへと移行しつつあります。

私は、研究が待たれている新しい主題として「はじめに」のところで、「感情発達」「性格形成」「自己像の形成」「遊びとファンタジー」「ユーモア」等を提起しました。もちろんその他にも大切な研究主題は存在するでしょう。

発達心理学は、生涯発達心理学となるべく今懸命に隣接する諸科学から新たなモデルを獲得しようと努力しています。それは、女性学・文化人類学・精神医学・社会学・老人学等もっと他にもあるでしょう。第1章でロスの暴動を描いた絵本 ***Smoky Night*** で見たように、現代の多文化共存社会では政治学や経済学の成果も決して無視することはできません。そのようなとき、絵本や児童文学は研究方法としての「語りのモデル」においても、作家や画家の子ども解釈にみる「発達モデル」においても、幼児・児童心理学に大きく寄与しうるものと考えます。

2　数量化できない発達の質をいかに捉えるか

自我・自己概念・自己評価の研究を長年行っている心理学者の梶田叡一は、「〈科学的〉心理学とタブーとしての自己意識研究」(2)というテーマのもとに、歴史的に見て自己意識にかかわる研究が衰退を始めたのは、外的な準拠枠によってのみ人間を理解する「行動主義心理学」の台頭がその大きな理由であると述べています。梶田は、さまざまな障害があったにもかかわらず自己意識の研究がともかくも命脈を保ち続けているのは、心理学に隣接する学問分野から大きな影響を受けたいくつかの理論的な潮流が存在していたからであるとし、具体的な潮流としては、（1）精神分析を背景にしたもの、（2）現象学を背景にしたもの、そして（3）社会学ないし社会心理学をあげています。

従来、自己意識の研究のような自己の存在に深くかかわる研究テーマは宗教・哲学・文学がその主流を占めていましたし、現代においても基本的にはその流れは変わらないでしょう。

私が文学のなかでも特に絵本（児童文学）に着目し、その優れた作品（研究成果）を幼児・児童心理学の研究のモデルに組み込むことを考えつき、さらに第3章で取り上げたように最初に「自己と対話する」に着目したのは、子どもの自己意識の発達については隣接学問領域のなかでも、児童文学・絵本が

〈6 - 7〉

『わたし』（谷川俊太郎作／長新太絵／福音館書店／1981.）より

着実な歴史（文学作品）を積み重ねていると考えたからです。

ちなみに第3章の「自己と対話する」では触れませんでしたが、幼児が「わたし」という自己概念をどのように形成するかを描いた絵本のなかから、その視点が対照的なものを二冊取り上げて比較・検討してみます。

ひとつは伝統的な性別役割についてジェンダーの視点から一石を投じた、谷川俊太郎と長新太による『わたし』（福音館書店／1981）です。この絵本では「わたし」というものの存在を「あかちゃんから　みると　おねえちゃん」、「せんせいから　みると　せいと」というように、向き合う関係性によって変化するものであることを確認させようとしています。当時、新聞紙上で話題になった場面の絵は、「おかあさんから　みると　むすめのみちこ」「おとうさんから　みても　むすめの　みちこ」〔6～7ページ〕であり、この絵本の主題である「わたし」とはややずれたところで生じたものです。

しかし、その「ずれ」はイラストレーションが独自に語ることの面白さであり、絵本がもつ大きな特徴であることには間違いありません。

この谷川の絵本は科学絵本として描かれたものであり今でも多くの読者の支持をうけ読み継がれていますが、わたしはその後、未翻訳の絵本 *All I Am* (Eileen Roe & Helen Cogancherry, New York, Bradbury Press, 1990.) に出会い、「わたし」を捉える視点の違いに深く考えさせられてしまいました。この絵本の主人公は谷川の『わたし』と同じくらいの就学前の幼児で、タイトルを日本語にすれば「みんなわたし」とでもなるのでしょうか。全部で11見開きあり、最初の3見開きまでは谷川の『わたし』と同じように親子のイラストレーションとともに「わたしはこども」や、友達と遊ぶ場面では「わたしはともだち」のように自己をその関係性により相対的な存在として表現しています。

しかし、第4見開きからは視点が転換し、台所では「わたしは　てつだう」(I am a helper.)、博物館では先生から説明を受け「わたしは　きいたり　かんがえる」(I am a listener and a thinker.)〔第5見開き〕となり、その後も絵を描く画面で「わたしは　えをかく」(I am an artist.)、おじいちゃんの誕生日に歌を歌う場面で「わたしは　うたう」(I am a singer.) 等が続きます。そして最後の2見開きで「ひるはときどき　わたしってなんだろうとくうそうする」(Some days I am a daydreamer, wondering about all I am.)、「よるはときどき　わたしって　どんなひとになるんだろうと　かんがえながら　ほしをながめる」(Some nights I am a stargazer, wondering about all I will be.) というテキストがついています（いずれも拙訳である）。

I am a listener and a thinker.

〈5〉

Some nights I am a stargazer,
wondering about all I will be.

〈11〉

この絵本に出会い私が感動したのは、「わたし」(自己)というものの存在を子どもに切り拓いて見せるときの切り口の鋭さと質の高さ、そしてシンプルなセンテンスのなかに込められた意味の深さでした。人間としての「わたし」を考えるとき、ときには現実から離れて空想をしたり星を眺めたりすることで、目には見えない想像が「わたし」を形づくることを子どもに語りかけています。他の動物にはできない「考えること」、「歌うこと」、それに第4章ですでに述べたような「原始・自然体験」が重要な働きをすることも示されています。なかでも筆者がこの二冊の比較を通して注目することは、谷川の『わたし』が他者との関係性においてのみ成立する自己概念に止まっているのに対して、ロウの ***All I am*** は、他者との関係はどうあれ、自分であることを自分自身の自律した内的要因により意味づけていることです。

おそらくこの自己意識・自己概念の解釈の違いは、わが国とアメリカの歴史的・文化的違いがその背景にあるものと思われます。このような自己意識の違いはことの善し悪しは別にして、研究者自身のなかで「わたし」(自己)というものの成り立ちをどちらの立場で捉えるかによって、その後の研究展開はかなり異なった方向へと進むでしょう。

佐野洋子も谷川の『わたし』を批判し、「人間関係の中の誰かはいるんだけれども、〝わたし〟自身はあそこには一人もいない」「〝わたし〟っていうものが、たまたま妹であったりなんかするんであって、そのおおもとが欠けているってことが、私にはとても気持ちが悪い、居心地が悪い感じがしましたね」(3)と述べています。

このように「わたし」の概念をどのように定め、その成立過程の質をどのように判断するかは単なる調査や実験からは生まれません。その概念の質的考察は、哲学や文学などの領域から積極的に学ばざるを得ないでしょう。わたしが絵本作品の発達観をモデルに、目に見えない抽象的な子ども（人間）の心理を研究しようとする理由のひとつはここにもあります。

このような子どもの発達や心を理解するための視点から絵本を研究する者は決して多くはありませんが、シュワルツはその中でも数少ないひとりです。イラストレーションの研究者である彼は、絵本研究の主要な役割を三つあげています(4)。

ひとつは子どもに人道的な責任を育成するというレベルで、潜在的に力をもつメディアとしての絵本の社会的に増大する自覚を促すこと、二つ目はおとなの読み手（viewer/reader）――親・図書館員・教師――が、子どもの発達という観点から絵本を探索し、評価することを支援すること、三つめは重要なテーマを扱う高い質の絵本の創造と普及を促すことである、と述べています。いずれの視点も、子どもの心理発達とは大きく関連をもつものでしょう。

児童文学のみならず文学そのものが、歴史的に見て外からはうかがうことはできないが確実に存在し、しかも人間存在の根源に横たわるような人間心理をさまざまな言語的手法を駆使して語ってきました。絵本心理学の構想は、このようにして絵本（児童文学）が積み重ねてきた子どもの精神発達の解釈をモデルに、従来研究が欠けていた領域を充実させる上で大きく貢献できるものと確信します。

あとがきと謝辞

本著書は、聖和大学へ提出した博士論文「絵本の主題分析にもとづく絵本心理学の構築」（1998年度）を骨格に、大幅な加筆と修正を加えたものです。

「絵本心理学」などというテーマをつけたものの、私のホームグラウンドは紛れもなく絵本（児童文学）にあります。振り返ってみると、この著書を書くにあたって実に多くの方々からご指導、ご助言、ご協力をいただいたことにあらためて気づきます。

まずは、聖和大学大学院・鳥越信教授には、博士論文をご指導いただくにあたり、海のものとも山のものとも分からないこのようなテーマで、自由に書くことをお許しいただいたことに心より感謝申し上げます。絵本を中心にこのようなタイプの博士論文を受け入れていただける大学は、現在のわが国では、おそらく聖和大学以外にはないでしょう。また、聖和大学大学院・石垣恵美子教授（日本乳幼児教育学会会長）には、日本乳幼児教育学会における出会いをきっかけに、さまざまなご指導と励ましをいただいたことに感謝申し上げます。

また、この著書の誕生の基礎には「子どもの心を理解するための絵本データベース」の構築があり、インターネットを介して公開されていますが、顧みるとこの「データベース」の完成にも多くの方々のご協力がありました。

徳島県立図書館司書の安藤美穂、宇山博子、桂敦子、久保貴栄、山本みちの諸氏、鳴門市立図書館司書の高田博子氏と森本知子氏（副館長で退職）、当時徳島市立図書館司書であった高橋豊氏（現在徳島市役所）。鳴門教育大学幼児教育講座では、当時助手で現在弘前大学医療技術短期大学助教授の高梨一彦氏と当時大学院生であった大谷由佳氏をはじめ、その他院生諸嬢からもご意見をいただきました。感謝申し上げます。

「データベース」を構築するため、最終的な完成に向けての絵本の主題分析とデータベースへの打込みは森下雅子氏（鳴門教育大学附属図書館児童図書室事務補佐員）に多大なご協力をいただきました。彼女の優れた分析力と正確な判断力なくしては、このデータベースの完成はあり得なかったでしょう。また、未翻訳英語絵本の主題分析と入力は、イギリス留学から帰国したばかりの青悦美代氏にご協力いただきました。あわせて感謝申し上げます。

また、本書の中には学部学生たちによる数多くの回想記録を引用させていただきました。教育の成果は教師と学生との相互主観的な関係の質により決まります。私の専門は幼児教育ですが、考えてみると私よりずっと若い学生たちの方がより濃密な「子どもおよび子ども時代」を内側に抱えているはずです。既成の幼児教育・幼児心理の理論成果を彼女（彼）らに伝えることも意義があるでしょうが、ときには彼女たちが持つそれぞれの「子ども」に耳を傾けじっくりと聴くことで、現代の子どもについて双方が議論し確認することも有効な教育方法ではないでしょうか。私は、このような「学生に聞く」やり方で、ずいぶん学生たちから学ばせてもらいました。あらためてここで感謝したいと思います。

最後になりますが、この本の最初の読者として的確なご批判をくださり、大学改革さなかの遅れ遅れの執筆に、いつもそよ風のように静かに伴走してくださった新曜社第一編集部長塩浦暲氏に心より感謝を申し上げます。

付記　本研究は、平成6・7年度文部省科学研究費補助金〈一般研究〉（C）（研究課題番号06610119）と平成9年度から4年間継続の文部省科学研究費補助金〈基盤研究（C・2）〉（研究課題番号09610126）の助成金を受けたものです。記して感謝します。

（2000年2月）

「子どもの心を理解するための絵本データベース」を大学図書館ホームページから発信するにあたって

本研究の基礎データである「絵本データベース」は、従来CD-ROMとして本書に添付されていましたが、今回の版から鳴門教育大学附属図書館ホームページより直接検索が可能になりましたので削除いたしました。CD-ROM版に比べ、より書誌項目において複雑で多様な機能が付加されました。

附属図書館の目録情報係長吉井紀子氏をはじめ、その他多くの図書館員の方々に多大なご協力を頂きました。記して感謝申し上げます。

（2002年5月）

著者紹介

佐々木宏子（SASAKI Hiroko）
1963年同志社大学文学部文化学科心理学専攻卒業
1966年立命館大学大学院文学研究科心理学専攻修了（文学修士）
1998年博士（教育学）現職：鳴門教育大学名誉教授　日本保育学会常任理事　日本学術会議連携会員。主な著書：『新版　絵本と子どものこころ』(JULA出版局 1992)；『日本の絵本史Ⅲ』（共著　ミネルヴァ書房 2002)；『絵本は赤ちゃんから』（新曜社 2006)；『乳児の絵本・保育課題絵本ガイド』（共著　ミネルヴァ書房 2009）他。

絵本の心理学
子どもの心を理解するために

初版第1刷発行　2000年3月30日
初版第6刷発行　2015年3月10日

編　者　佐々木宏子
発行者　塩浦　暲
発行所　株式会社　新曜社
〒101-0051　東京都千代田区神田神保町3-9
電話(03)3264-4973(代)・Fax(03)3239-2958
e-mail　info@shin-yo-sha.co.jp
URL　http://www.shin-yo-sha.co.jp/
印刷所　星野精版印刷
製本所　イマヰ製本所

ISBN978-4-7885-0714-2　C1011

鳴門教育大学附属図書館児童図書室
子どもの心を理解するための絵本データベース
検索マニュアル

子どもの心を理解するための絵本データベース概要

制　作　佐々木宏子・鳴門教育大学附属図書館児童図書室
本データベースは，同室において使用されている「絵本データベースシステム」を基に作成しています。

データベース公開　平成14年4月
(CD-ROMサーバによる学内公開は平成12年から実施)

URL　http://www.naruto-u.ac.jp/db/ehon/　鳴門教育大学附属図書館ホームページ

レコード件数　2820件（平成19年3月19日現在）

日本語版絵本	2419点
英語版絵本	401点
収録絵本出版年代	1847年～2005年

収録データ

基本項目　書名，書名（ヨミ），画家，作家，翻訳者，出版社，出版年，原著タイトル，原著発行国，原著発行年，受賞歴，文字有無，言語，サイズ，ページ数，ISBN

内容項目　大主題（6個），主題（280個），主人公性別，主人公年齢層，ストーリー

1．図書館ホームページ ― 絵本データベース選択画面

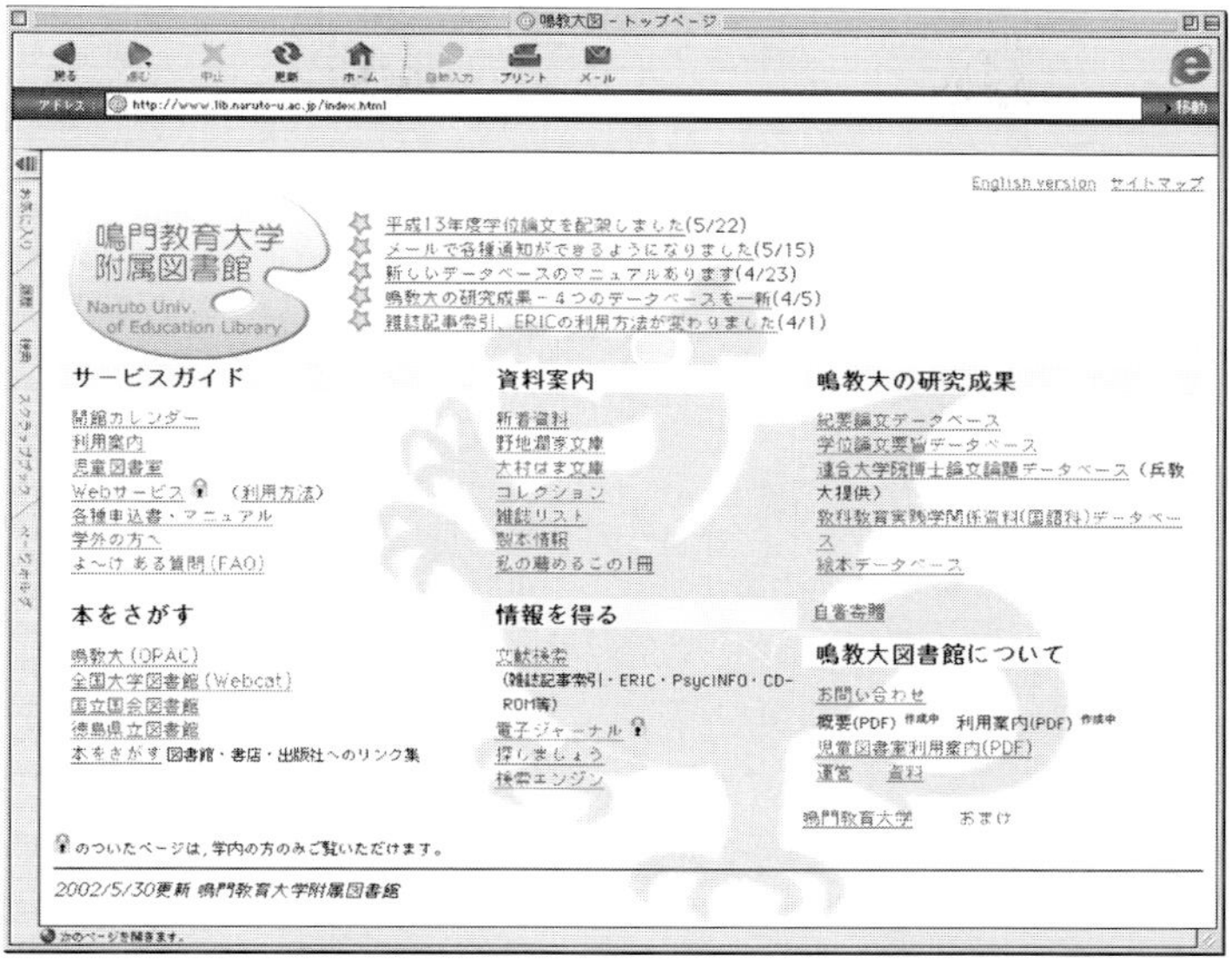

トップページ－鳴教大の研究成果から絵本データベースを選択します。

2．検索画面

検索について

検索項目を選んで検索語を入力し，一致条件，論理条件を指定して 検索開始 ボタンを押します。基本項目から内容項目まで幅広く検索できます。

検索項目はプルダウン表示により変更できます。ストーリー検索も選択できます。

何も入力せず空白のまま 検索開始 ボタンを押すと，指定なしとなり，全レコードを表示します。

クリア　ボタンを押すと，入力を取り消します。

TOP　ボタンはホームページトップに戻ります。

HELP　ボタンをクリックすると，本データベースの活用マニュア

ルが出ます。

選択項目

大主題	6個
主題	280個
主人公性別	男，女，中，男女
主人公年齢層	赤ちゃん，幼児，小学低，小学高，中・高校生，成人，老人，生涯，その他
受賞	コルデコット賞，ケイト・グリーナウェイ賞，ボローニャ国際児童図書展，日本の絵本賞，講談社出版文化賞，講談社絵本新人賞，小学館絵画賞，サンケイ児童出版文化賞，ニッサン童話と絵本のグランプリ
原著発行年	西暦年から選択
原著発行国	「日本」を筆頭に国名から選択
大主題	6項目から選択
主題	280個
主人公性別	男，女，中，男女から選択
主人公年齢層	赤ちゃん，幼児，小学低，小学高，中高，成人，老人，生涯，その他

検索項目

書名，画家，作家，翻訳者，出版社，出版年，ストーリー，シリーズ名

主題選択について

「主題」をクリックすると，主題一覧テーブルを表示します。一覧から主題コード，あるいは名称を選んでコピー，またはキーボード入力してください。

主題は5個まで入力できます。この時，検索は入力した主題すべてを含む検索となります。

検索式

一致条件，論理条件は最初，「部分一致」，および，「すべてを含む」になっています。

一致条件は，「部分一致」，「前方一致」，「完全一致」の3種類から選択できます。

論理条件は，「すべてを含む」，「どれかを含む」の2種類いずれかを選択できます。

書名での一致条件検索例（件数は平成19年3月現在）

- ・「ねこ」で部分一致検索 → 書名に「ねこ」を含むレコードを検索 → 71件
- ・「ねこ」で前方一致検索 → 「ねこ」，「ねこのオーランド」，「ねこがすき」など，「ねこ」の後に続く語も含んで検索　→ 13件
- ・「ねこ」で完全一致検索 → 「ねこ」という書名のみ検索　→ 0件

＊「部分一致」，「前方一致」，「完全一致」の順に検索件数が小さくなります。

ストーリーでの論理条件検索例（ストーリーは検索画面の検索項目で指定します）

・「父」，「母」，「子ども」
→ どれかを含む検索 → 723件
→ すべてを含む検索 → 13件

作家名での検索例

・「谷川 俊太郎」（姓と名の間をひとマスあける），「たにかわ」，「シュンタロウ」で「部分一致，どれかを含む」検索。
→ 作家名に「谷川 俊太郎」，あるいは「たにかわ」，あるいは「しゅんたろう」とあるレコードを検索します。→ 15件

入力文字について

データは原則として，絵本の文字表現（かな，カナ，漢字，外国語，記号等）をそのまま採用します。例えば，「こども」では13件，「子ども」では4件となり，検索結果が異なります。網羅的な検索を行いたい場合，いろいろな表現や「いずれかを含む」を使い広い範囲で検索するようにしてください。

＊検索では，ひらがな，カタカナは区別ない検索となります。

3．検索結果表示画面

No	書名	シリーズ名	画家	作家	出版社	出版年
1	Even If I Did Something Awful		Nancy Kincade	Barbara Shook Hazen	Atheneum (Macmillan)	1981
2	おつきさまは　きっと		ゲオルク・ハレンスレーベン	ケイト・バンクス	講談社	2000
3	おとなを　つかまえよう		イブ・スパン・オルセン	イブ・スパン・オルセン	文化出版局	1992
4	おやすみなさい　フランシス	世界傑作絵本シリーズ	ガース・ウィリアムズ	ラッセル・ホーバン	福音館書店	1966
5	かあさん、わたしのことすき？		バーバラ・ラヴァレー	バーバラ・ジョシー	偕成社	1997
6	かぜのおまつり	≪こどものとも≫傑作集	梶山　俊夫	いぬい　とみこ	福音館書店	1972
7	きいろい家　THE YELLOW HOUSE		ヘレン・クレイグ	ブレイク・モリスン	セーラー出版	1990
8	クリスティーヌといわし		エヴ・タルレ	エレーヌ・レイ	ほるぷ出版	1988
9	クリスマスまであと九日 セシのポサダの日		エッツ	エッツ	冨山房	1974
10	こぎつね　せかいのはてにゆく		ジョン・ウォルナー	アン・トムパート	ほるぷ出版	1978
11	サラーのおへや		M・センダック	D・オーゲル	小学館	1979
12	サンタさんへのてがみ		トニー・ロス	ハイアウィン・オラム	ほるぷ出版	1995
13	つりばし　わたれ		鈴木　義治	長崎　源之助	岩崎書店	1976

検索結果表示

検索式とレコード件数，および，検索結果の簡略データ（書名，シリーズ名，画家，作家，出版社，出版年）を一覧表示します。

検索結果は書名の数字，ABC順，50音順，漢字順に表示します。

書名をクリックすると詳細データを表示します。

[検索画面へ] ボタンは，検索初期画面に戻ります。（入力値はクリアされます。）

検索修正を行うには，ブラウザの「戻る」ボタンで戻ると入力値はクリアされません。

検索結果は100件単位で表示します。100件以上の検索結果は，[次頁]，[前頁]ボタンで移動できます。

ソート機能

結果一覧最上部にある項目名をクリックすると，文字順や数値順に配列を換えるソート機能があります。

印刷について

印刷は，ブラウザの印刷機能を利用してください。

4．絵本詳細画面

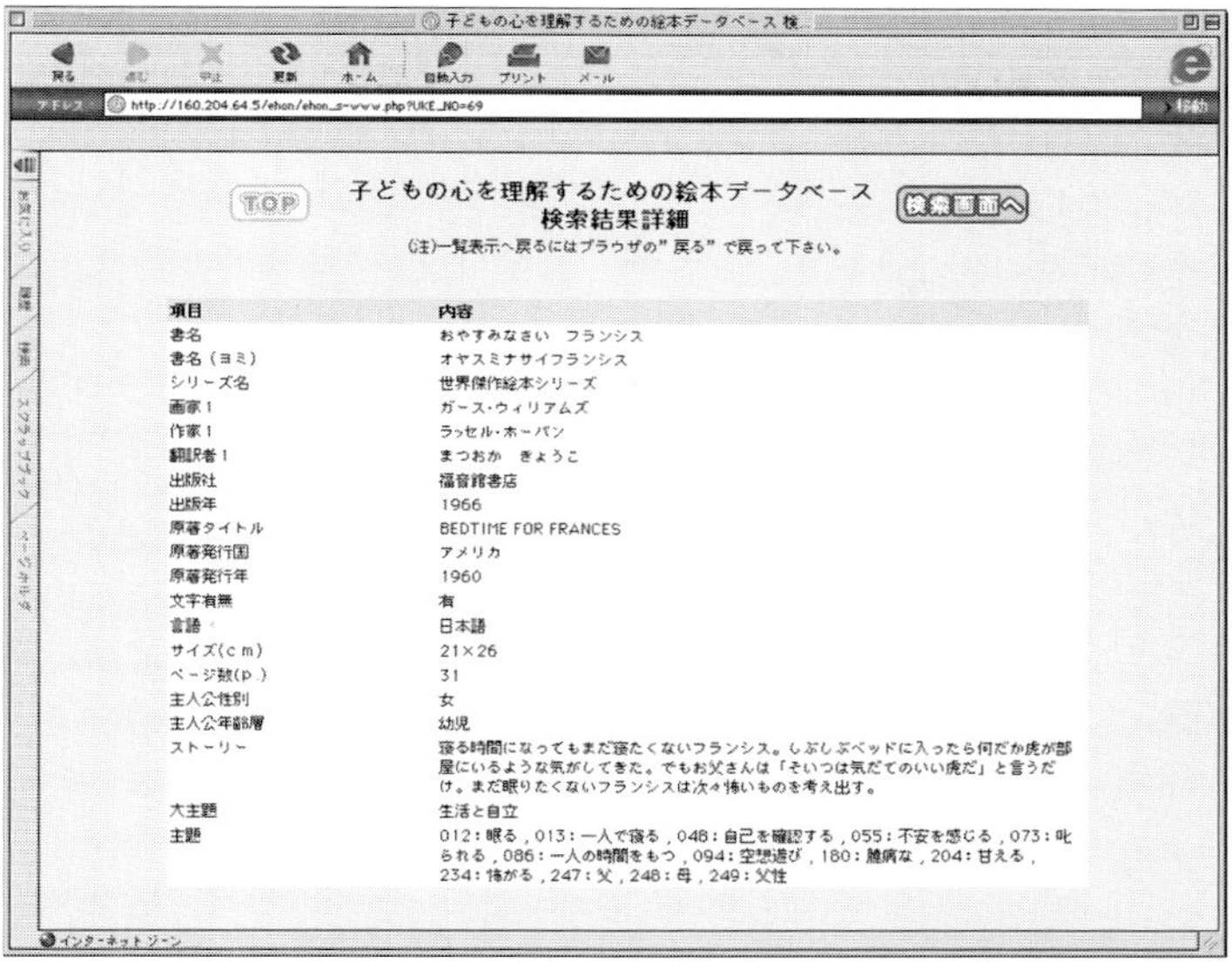

項目	内容
書名	おやすみなさい　フランシス
書名（ヨミ）	オヤスミナサイフランシス
シリーズ名	世界傑作絵本シリーズ
画家1	ガース・ウィリアムズ
作家1	ラッセル・ホーバン
翻訳者1	まつおか　きょうこ
出版社	福音館書店
出版年	1966
原著タイトル	BEDTIME FOR FRANCES
原著発行国	アメリカ
原著発行年	1960
文字有無	有
言語	日本語
サイズ(cm)	21×26
ページ数(p.)	31
主人公性別	女
主人公年齢層	幼児
ストーリー	寝る時間になってもまだ寝たくないフランシス。しぶしぶベッドに入ったら何だか虎が部屋にいるような気がしてきた。でもお父さんは「そいつは気だてのいい虎だ」と言うだけ。まだ眠りたくないフランシスは次々怖いものを考え出す。
大主題	生活と自立
主題	012：眠る，013：一人で寝る，048：自己を確認する，055：不安を感じる，073：叱られる，086：一人の時間をもつ，094：空想遊び，180：臆病な，204：甘える，234：怖がる，247：父，248：母，249：父性

レコードの全項目を表示します。（入力データのない項目は表示しません。）

一冊の絵本の主題分析やストーリーの要約などが付され，絵本の全容を掴むことができます。

索　引

▶ま行

▶や行

▶ら行

絵本索引

▶さ行

▶た行

▶な行

▶は行

▶ま行

▶や行

▶ら行

▶わ行

▶欧文

引用文献

第1章　「絵本心理学」をめざして

(1) 野家啓一，1995「パラダイム」思想の科学研究会編『新版　哲学・論理用語辞典』三一書房，317.

(2) Widdershoven, G. 1997. Model of human development. In W. Van Haaften, M. Korthals & T. Wren. (eds.), *Philosophy of Development: Reconstructing the Foundation of Human Development and Education* (31-41). Dordecht, Kluwer Academic Publishers.

(3) Widdershoven, G. 1997. op.cit., 41.

(4) 波多野完治（対談）1990「一心理学者のあゆみ――波多野完治の生涯と仕事」『波多野完治全集』④〈月報4〉12.

(5) 波多野完治，1935「児童心理の文学――『お化けの世界』と『一日本人』」『児童』8月号，28－38.

(6) 波多野完治，1935「児童心理の文学――『坪田譲治の作品』」『児童』9月号，40-47.

(7) 波多野完治，1938『児童社会心理学』同文館，160.

(8) 河合隼雄，1985『子どもの本を読む』光村図書，10.

(9) 河合隼雄，1987『子どもの宇宙』岩波書店，7.

(10) 浜田寿美男，1993『発達心理学――再考のための序説』ミネルヴァ書房，200.

(11) 浜田寿美男，同上書，158.

(12) 浜田寿美男，同上書，201.

(13) 岡本夏木，1982『子どもとことば』岩波書店，161.

(14) 中村雄二郎，1992『臨床の知とはなにか』岩波書店，9.

(15) 柄谷行人，1980「児童の発見」『日本近代文学の起源』講談社，146.

(16) エンデ，M.（上田真而子訳）1986「なぜ子どものために書くのか？」『なぜ書くか・なぜ読むか』日本国際図書評議会（第20回IBBY東京大会）294. (Ende, M. Why Do I Write For Children. In *Why Do You Write For Children? Children, Why Do You Read?* (58 - 66). Tokyo. 20th Congress of IBBY, 1986.)

(17) 清水真砂子，1986「子どもの本の創造――その意識と方法」『なぜ書くか？なぜ読むか？』同上書，401.

(18) レインズ,S.G.（渡辺茂男訳）1982『センダックの世界』岩波書店，7. (Lanes, S.G. *The Art of Maurice Sendak*. New York. Harry N. Abrams, 1980.)

(19) 光吉夏弥，1975「絵本の世界6：絵本作家としてのレオ・リオニ」『月刊絵本』

3月号，63.
(20) 光吉夏弥，1974「絵本の世界4：“おさるのじょーじ”のH.A.レイ」『月刊絵本』12月号，51.
(21) 光吉夏弥，1976「世界の絵本17　ヨーロッパからアメリカへ」『月刊絵本』1月号，52.
(22) コット，J．(鈴木晶訳) 1988『子どもの本の8人——夜明けの笛吹きたち』晶文社，27.（Cot , J . *Pipers at Gates of Dawn*. New York. Random House, 1983.）
(23) コット，J．同上書，231-232.
(24) 光吉夏弥，1990『絵本図書館——世界の絵本作家たち』ブック・グローブ社，7.
(25) 中村雄二郎，1992，前掲書，6.
(26) 佐々木宏子，1993『新版　絵本と子どものこころ——豊かな個性を育てる』JULA出版局.
(27) Albers, P. 1996. Issues of Representation: Caldecott Gold Medal Winners 1984 - 1995. *The New Advocate*, Vol.9, No.4, 276.
(28) 中村雄二郎，1992，前掲書，135.

第2章　子どもの心を理解するための絵本データベース

(1) 舟橋　斉，1993『絵本の住所録』京都・法政出版.
(2) Lima, W.L. & Lima, J.A. 1989. *A to Zoo: Subject Access to Children's Picture Books.* (3rd Ed.), New York, Bowker.
(3) Pardeck, J.A. & Pardeck, J.T. 1986. *Books for Early Childhood: A developmental Perspective.* New York, Greenwood Press.
(4) Thomas, R.L. 1989. *Primaryplots: A Book Talk Guide for Use with Readers Age 4-8.* New York, Bowker.
(5) Sprit, D.L. 1988. *Introducing Bookplots 3: A Book Talk Guide for Use with Readres Age 8-12.* New york, Bowker.

参考文献

・佐々木宏子・高梨一彦・與能本由佳，1990「絵本データベース作成のための基礎的研究（1）」『鳴門教育大学学校教育研究センター紀要』4，93-99.
・佐々木宏子・高梨一彦・與能本由佳，1991「絵本データベース作成のための基礎的研究（2）——子どもの発達を理解するための主題」『鳴門教育大学学校教育研究センター紀要』5，119-124.

第3章　絵本は子どもが「自己と対話する」ことをどのように描いているか

(1) 浜田寿美男訳編，1983『ワロン／身体・自我・社会』ミネルヴァ書房，38-39.

(2) 谷川俊太郎，1988『はだか』谷川俊太郎詩集，佐野洋子絵，筑摩書房，8.
(3) 波多野完治，1935「見えないお友達」『児童』11月号，22-25.
(4) 浜田寿美男，1992『「私」というもののなりたち』ミネルヴァ書房，95.
(5) Jean Piaget（大伴茂訳）1968『臨床児童心理学Ⅰ　児童の自己中心性』同文書院.（Jean Piaget. *Le Langage et la Pensee chez l'enfant*. Geneve, Insutitut J.J. Rousseau, 1948.）
(6) 神谷美恵子，1980『生きがいについて』みすず書房，135.
(7) Schwarcz, J.H. & Schwarcz, C. 1991 *The Picture Book Comes of Age: Looking At Childhood Through The Art Of Illustration.* Chicago. ALA, 20-22.
(8) 神谷美恵子，1980，前掲書，169.
(9) ヘレン＝エクスレイ編，1987『美しい地球をよごさないで——自然保護を訴える70数か国の子どもたちの声』偕成社，13.（Exley, H.（Ed.）, *Cry For Beautiful World.* London. Exley Publication, 1987.）
(10) 河合隼雄，1996『物語とふしぎ』岩波書店，30.
(11) ボルノウ，O.F.（大塚恵一他訳）1978『人間と空間』せりか書房，113.（Bollnow, O. F., *Mensch und Raum.Stuttgart.* W. Kohlhammer, 1976.）
(12) 山田卓三編，1990『ふるさとを感じる遊び辞典』農文協，320-339.
(13) 山田卓三編，1990，同上書，334.
(14) 谷川俊太郎，1981『自分の中の子ども』青土社，23.
(15) 岡本夏木，1982『子どもとことば』岩波書店，46-47.
(16) Schwarcz, J.H. & Schwarcz, C. 1991, op. cit. 63.
(17) ボールディング，E（松岡享子訳）1988『こどもが孤独でいる時間』こぐま社，15.（Boulding, E. *Children and Solitude*. Wallingford. Pendle Hill, 1962.）
(18) 鳥越信編著，1993『絵本の歴史をつくった20人』創元社，18.
(19) 三島憲一，1989「解釈学」『コンサイス20世紀　思想事典』三省堂，186.
(20) コップ，E.（黒坂三和子・滝川秀子訳）1986『イマージネーションの生態学—子ども時代における自然との詩的共感』思索社，29.（Cobb, E. *The Ecology of Imagination in Childhood.* New York. Colombia University Press, 1977.）
(21) 黒坂三和子，1986「コップがエコロジカルに読みとった精神と自然の関係」コップ，同上書，1986，209-228.

第4章　絵本は子どもの空想遊びをどのように描いているか

(1) ローゼンフィールド，I.（菅原勇・平田明隆訳）1993『記憶とは何か —— 記憶中枢の謎を追う』講談社 223-224.（Rosenfield, I. *The Invention of Memory.* New York. Basic Books, 1988.）
(2) 港千尋，1996『記憶—「創造」と「想起」の力』講談社，170.
(3) Hedderwick, M. 1990. *The Artist at Work: A Sense of Place.* The Horn Book

Magazine, March/April, 171.）
(4) 谷川俊太郎（対談・灰谷健次郎）1979「子どもに学ぶ・子どもに教える」『ことば・詩・子ども』叢書児童文学第1巻，青土社，238.
(5) 佐々木宏子・宇都宮絵本図書館編，1984『幼児の心理発達と絵本』れいめい書房，168-178.
(6) 佐々木宏子，1997「絵本の自立――めくることを促すものは何か」『立命館文学』第548号，47-75
(7) 渡辺茂男，1984『すばらしいとき――絵本との出会い』大和書房，105-131.
(8) Schwarcz, J. H. & Schwarcz, C. 1991. *The Picture Book Comes of Age: Looking At Childhood Through The Art Of Illustration*. Chicago. ALA., 194-205.
(9) 光吉夏弥，1990「子どものこころを大切にする――マリー・ホール・エッツ」『絵本図書館――世界の絵本作家たち』ブック・グローブ社，122.
(10) 松居　直，1974『絵本とは何か』日本エディタースクール出版部，291-319.
(11) Schwarcz, J.H. & schwarcz, C., 1991. op.cit., 88.
(12) イーゴフ，Ｓ．酒井邦秀他訳『物語る力――英語圏のファンタジー文学：中世から現代まで』偕成社，1995.（Egoff, S.A. 1988. *World Within: Children's Fantasy from the Middle Ages to Today*. Chicago, ALA., 20.）
(13) センダック，M.（脇　明子・島　多代訳）1990『センダックの絵本論』岩波書店，161.（Sendak, M. *CALDECOTT & CO*. New York, Farrar, Straus and Giroux, 1988.）
(14) トールキン，J.R.R.（猪熊葉子訳）1973『ファンタジーの世界――妖精物語について』福音館書店，97.（Tolkien, J.R.R. *On Fairy Stories*. London, George Allen & Unwin, 1964.）

参考文献

・レインズ，Ｓ．Ｇ．（渡辺茂男訳）1982『センダックの世界』岩波書店，7（Lanes, S.G., *The Art of Maurice Sendak*. New York, Harry N. Abrams, 1980.）
・Schwarcz, J.H. 1982. *Ways of Illustration: Visual Communication in Children's Literature*. Chicago, ALA.

第5章　自分のなかに発達を読む

(1) 阿部謹也，1988『自分の中に歴史を読む』筑摩書房，58.
(2) 阿部謹也，1988，同上書，55.
(3) 阿部謹也，1988，同上書，44.
(4) 佐々木宏子，1998「絵本の主題分析にもとづく絵本心理学の構築」『聖和大学論集－教育系－別冊：博士論文モノグラフ第4号』66-80.
(5) ポラニー，M.（長尾史朗訳）1985『個人的知識――脱批判哲学をめざして』ハ

ーベスト社，329.（Polanyi, M. ***Personal Knouledge***. Chicago. The University of Chicago Press, 1958.）

(6) 佐々木宏子，1998，前掲書，66-80.

(7) ヴィゴツキー・レオンチェフ・エリコニン他（神谷英司訳）1989『ごっこ遊びの世界――虚構場面の創造と乳幼児の発達』法政出版，22.（Заророжец, А.В. & Неверович, Я.З.（ред.), *Развитие социальных змоций детей дощкольного возраста*. Москва. Педагогика, 1986.）

(8) ヴィゴツキー・レオンチェフ・エリコニン他（神谷英司訳）1989, 同上書，30-31.

(9) ヴィゴツキー・レオンチェフ・エリコニン他（神谷英司訳）1989, 同上書，48.

参考文献

・イーゴフ，S., スタブス, G. T., アシュレイ, L. F. 編，1979『オンリー・コネクトII』岩波書店.（Egoff, S., Stubbs, G.T. & Ashley, L.F.（eds.), ***Only Connect***. London. Oxford University Press, 1969.）

終章　絵本心理学のために

(1) フェザーマン，D. 1993「社会科学研究における生涯発達的観点」東　洋・柏木惠子・高橋惠子（編集・監訳）『生涯発達の心理学』（3巻家族・社会）(pp.1-56) 新曜社.（Featherman, D. L. Life-span perspectives in social science research. In Paul B, Baltes et al.（eds.), ***Life-Span Development and Behavior***.（pp.1-57), 5. New York. Academic Press, 1983.）

(2) 梶田叡一，1988『自己意識の心理学』（第2版）東京大学出版会，230-240.

(3) 佐野洋子・谷川俊太郎・西　成彦（鼎談），鶴見俊輔（編），1995『神話的時間』熊本子どもの本研究会，171-217.

(4) Schwarcz, J. H. & Schwarcz, C. 1991. ***The Picture Book Comes of Age : Looking At Childhood Through The Art Of Illustration***. Chicago. ALA., xii.

参考文献

・クラインマン, A.（江口重幸・五木田紳・上野豪志訳），1996『病いの語り――慢性の病いをめぐる臨床人類学』誠信書房.（Kleinman, A. The Illness Narratives: Suffering, Healing and Human Condition. New York. Basic Books, 1988.）

・レイコフ, G.・ターナー，M.（大堀俊夫訳），1994『詩と認知』紀伊国屋書店.（Lakoff, G. & Turner, M. *More Than Cool Reason*. Chicago. The University of Chicago, 1989.）